"十三五"国家重点出版物出版规划项目

图解服务的细节

047

接客サービスのマネジメント

好服务
是设计出来的

〔日〕石原直 著

姜瑛 译

人民东方出版传媒
People's Oriental Publishing & Media
东方出版社
The Oriental Press

图书在版编目（CIP）数据

好服务是设计出来的 /（日）石原直 著；姜瑛 译. — 北京：东方出版社，2016.9
（服务的细节；047）
ISBN 978-7-5060-9222-7

Ⅰ. ①好… Ⅱ. ①石… ②姜… Ⅲ. ①商业服务 Ⅳ. ①F719.0

中国版本图书馆CIP数据核字（2016）第227624号

Sekkyaku Service No Management by Tadashi Ishihara
Copyright© 2012 Tadashi Ishihara
Simplified Chinese translation Copyright© 2016 Oriental Press,
All rights reserved
Original Japanese language edition published by Nikkei Publishing Inc.
Simplified Chinese translation rights arranged with Nikkei Publishing Inc.
through BEIJING HANHE CULTURE COMMUNICATION CO.,LTD.

本书中文简体字版权由北京汉和文化传播有限公司代理
中文简体字版专有权属东方出版社所有
著作权合同登记号 图字：01-2016-0859号

服务的细节047：好服务是设计出来的
（FUWU DE XIJIE 047:HAOFUWU SHI SHEJI CHULAI DE）

作　　者：〔日〕石原直
译　　者：姜　瑛
责任编辑：崔雁行　高琛倩
出　　版：东方出版社
发　　行：人民东方出版传媒有限公司
地　　址：北京市东城区朝阳门内大街166号
邮　　编：100010
印　　刷：北京文昌阁彩色印刷有限责任公司
版　　次：2016年10月第1版
印　　次：2024年7月第9次印刷
开　　本：880毫米×1230毫米　1/32
印　　张：6.25
字　　数：110千字
书　　号：ISBN 978-7-5060-9222-7
定　　价：38.00元
发行电话：（010）85924663　85924644　85924641

序

这是一本关于服务管理的书。这里的管理，指的是设计服务、提供服务、评价服务。本书的写作初衷是针对酒店、餐厅等提供的商品中占重要比例的待客服务，但如今各行各业都在强调服务，可以说一旦人与人在商品交易活动中产生联系，服务便会应运而生。

管理服务的关键在于服务的质与量，高质或量大都未必是上乘的服务。即便服务提供方为同一个人，人在感到精力充沛的上午和精疲力尽的傍晚提供的服务品质也会千差万别，而要求不同的服务人员保持始终如一的服务更是难上加难。服务的重点在于设计好的服务质量，为顾客提供持之以恒的服务。

本书第1章会说明商店或企业不可以让服务人员随心所欲地接待顾客，必须对服务的质与量进行周全的设计，并要有决定服务质量的明确理念。本章还会解说如何设计易于重复、具有良好的可操作性的服务。

第 2 章会探讨提供服务时所需的服务结构、现场交流、员工培训、工作指南。

第 3 章会讨论如何评价服务。我们不仅需要评价服务人员的工作态度，还需要评价服务本身。本章会说明评价的方法及如何建立作为评价标准的个人或组织的目标。

第 4 章会解说为提高服务质量，应如何管理和使用顾客信息、如何看待成本绩效。本章还会具体介绍避免陷入过度收集信息或成本过高等困境的方法。

第 5 章会说明通过分析顾客反馈及顾客信息找出改进点并探索新服务的方法。

在第 6 章中笔者探讨了让顾客、员工获得双赢的经营方法，同时还提出了服务产业经营者的必备视角。

笔者相信，通过阅读本书，能让您明确迄今为止模糊的"服务"概念，也能让您了解实现提供始终如一的服务这一目标并不受场合限制，即使是临时雇员居多的商家也能完美地实现这一目标。服务的内容奥妙无穷，形式多为实际应用问题，但在深刻地理解问题的本质、多次重复积累的经验的基础上我们就能找到实际应用问题的答案。本书将引导您从问题的根本和各种经验中学习、成长。

　　所有从事服务相关行业的人，特别是店长、一线管理者及经营者：若本书能帮助您对"服务"进行深入的思考，将是笔者最大的荣幸。

石原直

目　录

第1章 设计服务

服务是接待人员的工作，但服务人员不能且无法随心所欲。开始一项新的工作时，我们要先制订符合服务目标的服务内容，然后按照计划实施。

　　采用何种方式、销售何种商品，经营方针决定了服务目标。

　　服务也是销售价格即成本的一部分。商品和销售需要策划，服务也一样。笔者所用的"设计"一词，是对能满足各种必要条件的服务的思考。

1—满足顾客需求

（1）始终如一的服务是关键

顾客最想得到的服务是始终如一的服务。这与服务质量的高低、量的多少无关，商家提供的服务只要在顾客预期的范围以内即可，但必须保持稳定的服务质量。服务态度如果时好时坏，不仅会影响顾客对服务的评价，还会降低商品和商家的口碑。

顾客只有感到满意才会长期青睐某种商品或光顾某家店铺，但其实这些更源于顾客对商品或店铺产生的一种安心感。不论顾客何时购买，商品品质都始终如一；不论顾客何时光顾，服务都持之以恒，这样的安心感才能培养出老顾客。我们所说的老顾客不仅取决于购买次数，还指那些懂商品的重要顾客。

如果每次进店时都面对的是不同的服务态度，顾客将无法分辨这家商店的服务的本来面貌，且不知孰真孰假、孰优孰劣，内心也会惶惶不安。假设某次服务人员的态度远超顾客的预期，顾客就会心满意足吗？顾客在庆幸自己获得的服务的同时，对之前所受到的待遇也会大为不满吧。

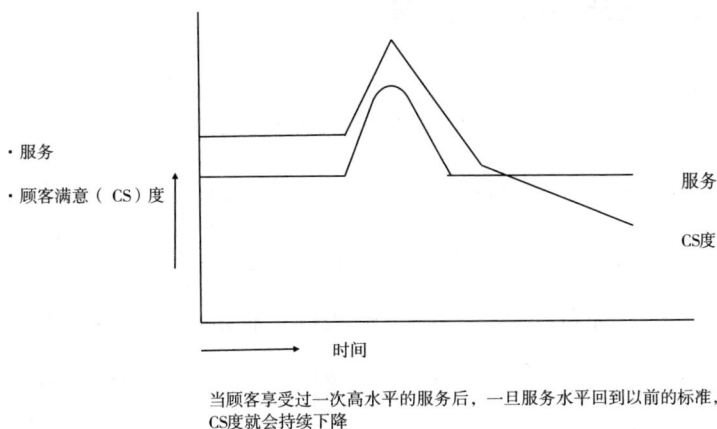

· 服务
· 顾客满意（CS）度

服务

CS度

时间

当顾客享受过一次高水平的服务后，一旦服务水平回到以前的标准，CS度就会持续下降

图1-1　服务水平与顾客满意度的关系

只有一位雇员的话，因为是同一个体，所以能保证对服务秉持一贯的理解与阐释。如果有好几位员工，因为大家对服务有不同的解读，所以服务态度必然难以统一。

然而，只有有一位雇员时才能提供不变的服务吗？

在人感到精力充沛的早晨与精疲力尽的傍晚，即使是同一个人，且对服务有着一贯的理解，态度也会早晚有别，声音的大小、声调的高低等都会截然不同，另外当人心中有事情绪低落时，会立即体现在表情和声音上。

进入设计服务的环节之前，请牢记：顾客追求的是始终如一的服务。

（2）区分"功能"与"服务"

"待客服务"一词，字面上包含了接待顾客的"功能"与"服务"两个要素，且这两个要素无法被清晰地区分。因为我们要对服务进行重新设计，所以暂且将两者分开考虑。

以会计业务中收银员的工作为例，收银员工作的重点是准确地收付钱款，计算应索取的金额、告知顾客应支付的金额、点清收款并找零或接过顾客的信用卡进行刷卡操作等，这些是收银员工作的最基本的功能。另一方面，收银员通常是与顾客打交道的最后一环，服务重点在于对顾客的莅临进行致谢、希望顾客下次再次光顾等。

购物暂且不论，顾客在酒店和餐厅里的所有消费结束时，只剩下最为繁杂的结算环节。服务的最后一环如果出现问题，不论之前受到了多么热情的接待、品尝了多么可口的美食，顾客只会对商家产生坏印象。结算本是功能性行为，但顾客是将其视为服务。

当然，我们不能因为结算属于服务环节而忽视其功能。在日本使用信用卡结算、签名时，收银员几乎不会对卡片背面的签名进行确认。确认持卡人身份是处理信用卡相关业务的重中之重，而收银员不进行此项业务的理由，一方面是基于日本迄今为止少有信用卡犯罪行为的背景，另一方面是担心确认签名有不信任顾客之嫌而最终导致服务遭到差评。如果对结算的功能和服务认识不清，便会出现以上情况。

再来看调酒师类的工作。调酒师需在言语之间发现顾客会中意的鸡尾酒或在闲谈时从容应对，此时的调制鸡尾酒显然是功能，而将调酒师与顾客交谈视为服务，看似是闲聊，但实际上是一种功能。所以，调酒师必须善于言辞。

如上所述，业种决定了功能与服务的比例，因此我们必须在进入设计阶段前思考待客服务的组成要素。

超市里常出现收银台拥堵不堪、顾客排起长队的现象。收银员需牢记员工培训时强调的功能与服务，明白自己作为与顾客打交道的最后环节的重要性，结算后把双手在身前交叠向顾客鞠躬致意。但此时因为忙碌，收银员的眼睛早已瞄向了下一位顾客的购物框。

这种情况下就应该优先功能。没有眼神接触的点头致意会更让顾客感到不舒服，而排队的顾客也会抱怨与其做这些无用功还不如赶紧给自己结账。如果不根据情况灵活地提供服务，将给提供服务与接受服务的双方都造成不悦。

（3）对所有顾客都一视同仁

原则上，不论消费金额多少，所有顾客都应受到平等的待遇。这也是顾客的心声。

您是否有过这样的体验：在超市的收银台或酒店前台排队等待结算或办理手续时，如果旁边的队伍顺畅地前进，而自己所在的队伍移动缓慢，不仅会对排队结账大为反感，还会焦躁不安。我们不满的并非排队本身，而是排队时后来者居上的现象。

所以现在银行等都设法让顾客取号排队，以公平对待每位顾客。

服务现场也一样，不管顾客知不知道他人因为是该店的 VIP 而受到特殊优待，总之顾客不愿看到有人被特殊优待，因为自己也有享受同样待遇的权利。

服务人员很难做到对所有顾客都一视同仁。对于常客，员工会在不经意间使用特殊的言辞和态度，这是人之常情，但有失公平。实际上这种情况屡见不鲜，且有可能引发冲突。服务人员必须牢记一个原则：人人平等。

在公平的原则之上，经营者需设计专门针对老顾客的服务。因为老顾客的数量远不及普通顾客，所以一定不能给占多数的普通顾客造成不悦。如此一来，公平待客的问题就演变为如何给老顾客提供服务的问题。

日本的一家航空公司教育空乘人员不能长时间与某一位乘客对话，应尽量和多位乘客交流。

如果有乘客想对之前搭乘飞机的体验展开对话，空乘人员可以与其进行多次对话，但每次对话应尽量简短。虽然打断、重新开启对话也需要技巧，但这可以确保公平的服务。

（4）"不公平"并非不愉快

有时顾客会因为自己是老顾客而希望受到有别于普通顾客的"不公平"待遇，此处的不公平是对老顾客有益的不公平。前一小节我们说待客要一视同仁，但顾客会同时追求公平和不公平的服务。

服务人员也要同时提供两种服务。最简单的解决方法是建立积分制，让顾客声明自己是老顾客，然后服务人员根据老顾客的等级提供不同的服务。会员制度规定了为成为会员所需遵守的入会规则，所以非会员就享受不了会员待遇。

这样的情况就需要顾客给予充分理解。不论顾客是否希望受到公平待遇，只要明白服务人员行动背后的理由便能释然。提供不公平服务（也叫差别待遇）的方法，也是服务的设计。

但这样做就失去了服务的本意，我们会发现不同的服务对应着不同的价格，而且让人察觉不到店家对顾客的感恩之心。

这里所说的不公平服务，是服务人员在不给其他顾客带去不悦的同时将"我们知道您是老顾客"的心声传达给顾客。一声"谢谢光临"并非表面应酬，而是员工对于顾客的长期光顾发自肺腑的感激之情。所以管理者要训练员工通过语言、眼神、表情向顾客致谢，员工刚被录用上岗时就要进行此方面的培训，以避免产生不公平的服务。

服务时确实不应该因差别对待而让顾客产生不悦，但商家有时也希望让其他顾客意识到"啊，这位老顾客受到了优待"，被优待的顾客在享受服务的同时也会想向他人炫耀。

只有经验丰富的服务人员才能在公平和不公平的服务中自如地切换。首先预想服务中可能遇到的问题，然后思考服务的目标和内容是我们所说的"设计"。服务不能漫无计划，对老顾客的优待需要有一个明确的标准。而平衡公平的服务与不公平的服务也是设计服务的一部分。

2—计算成本的方法

（1）服务应该细致到何种程度？

服务即成本，和其他成本一样，服务也需要管控。服务的范围广泛，不像原料费等那样直观，服务人员也难以表述。虽然员工只负责接待工作，但顾客认为店面的清洁及店内氛围也是服务的一部分、是服务人员的工作之一。而员工认为清扫不是分内事、委托专业人员会更加高效。因为最初的服务设计明确规定"员工负责清扫"，所以这部分费用算作员工的人事费用，如果委托专业人员将会产生新的成本和额外的服务项目。像这样，服务本应明确限定范围，但常会因个人意志而发生变化。

如果在服务的设计阶段就决定将清扫工作委托给专业人员，设计者则要思考把节省下来的员工时间用到销售环节以增加营业额，并根据销售服务的成本调整商品价格以收回清扫费用成本，这样还能检测专业人员提供的高质量清扫服务是否能与其他服务在比例上保持平衡。必须根据明确的理由划定服务范围，这个例子中的"员工清扫所需的时间与达到的质量"就是服务的范围。

（2）"质"与"量"的完美结合

通过上面论述，想必您也注意到了服务的质的重要性。我们常用"高水平"或"又快又好"来评价某项服务。

服务也有量。假设一场活动的参会者众多，需要安排人给参会者引路，于是主办方雇了大量临时员工负责指引工作。

引路、维持现场秩序、发放资料等技术难度并不高，但人数不足会导致整个活动的服务质量下降。周到细致的服务取决于万全的准备，所以服务领域中我们将量看成质的一部分。

服务的量与时间有关。即使服务一流，如果因人手不足而让顾客久等，服务也会大打折扣。

如此看来，服务的构成要素包括质、量、时间，但服务不能仅追求高质或大量。设计服务时要在充分考虑成本的同时找出各个构成要素的契合点，即要考虑组合何种程度的质与何种程度的量，以及所需时间。

严格来说，时间是质与量的函数，所有服务都需要花费时间，因此我们要综合考虑质、量与时间。

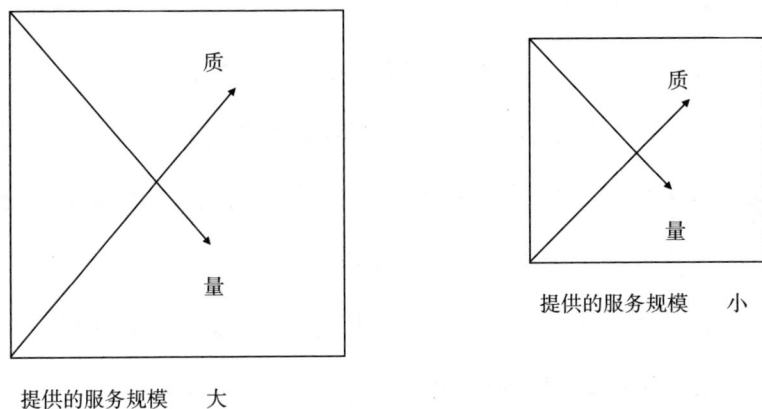

提供的服务的规模有大小之分，但质与量的关系不变

图1-2 服务中质与量的关系

窗口业务中，等候时间是决定服务质量优劣的重要因素。所以必须设计服务的质与量以缩减等候时间，如限定窗口的服务范围、通过抑质保量来提高效率。

银行里如果有人在普通窗口咨询复杂的业务问题，业务专员要过来接过话题，窗口的工作人员则可以接待下一位顾客。请牢记，质与量均为成本。

（3）"服务"与"善意"的区别

"服务"的定义很广且模糊，因此需要明确地设计服务的内容。服务中同时存在"工作"的部分和服务人员"善意"的部分，对此见仁见智，往大方面说还因国民性、生活习惯而异。

日本人通常相信性善说。性善说的前提是信任对方（性恶说则相反），这点常被用来说明农耕民族与狩猎民族的差异：狩猎的收获取决于个人能力，而农耕是通过众人合力才能实现。一方有难八方支援是人的天性，但问题在于如何提供援助、对方会做何种回应。服务是同样道理。

百货商店里有针对老顾客的专员负责顾客从进店直到离开的全程接待工作。因为既定的服务范围永远无法满足顾客的期待，所以最完美的服务应是不同的员工为不同的顾客量身提供不同的服务。

员工与顾客的服务关系中掺杂着人际关系。服务人员掌握着顾客的家庭构成、喜好等大量信息，根据这些信息便能推测出顾客正在寻觅的目标，然后站在顾客的角度为顾客出谋划策。

有时要对顾客说："您刚买过类似的商品，这个您会不会不需要呢？"或对犹豫不决的顾客说："前些日子您光临本店时说想给孩子买生日礼物，您有其他中意的商品了吗？您不妨货比三家看看。"这些话并非鼓励顾客多购物，而是设身处地为顾客着想，这样能赢得顾客的信赖，从长远来说还能促进顾客消费。

服务人员在行动时不仅要了解顾客的意图，还要揣摩顾客的想法，这个过程中员工的"善意"会与规定的服务内容交织在一起。这种高难度的服务工作对员工的人格要求很高，只有老员工才能胜任，因为他们可以巧妙地区分服务与善意，且自然而然地将两者结合得天衣无缝。

顾客需要信赖服务人员，所以我们不能仅着眼于购物这个行为本身，有买有卖、日复一日、年复一年才能成就老字号。

3——商品＝店面＋商品＋服务

（1）服务≠商品

服务是商品的一部分，有商品实物和提供商品的场所才能产生服务，必须按照计划调整三者之间的平衡关系。不能因为商品是高档货就营造高雅的氛围、提供高标准的服务，否则这三者的比例会失衡。

洛杉矶曾有一家内部装修豪华的餐厅，配有地毯、水晶吊灯、深红沙发，步入其间仿佛置身于一家高档法国餐厅，但除招待员之外店员稀少，与高档餐厅的氛围不匹配。然而这家店常年顾客盈门，还有不少年长的顾客。这其实是家汉堡包店，豪华吊灯之外的商品、服务与街边汉堡包店别无二致，这里最大的商品是店面。

平民快餐汉堡包可以站着吃，也可以带走，简便、廉价是其最大的特征。这家店却采用了逆向思维，店内不提供人工服务，顾客必须自己把在柜台买好的商品拿到座位上。店里的座位并非吧台式条形桌，而是让顾客能够放松身心的饮食区。

这家店的汉堡包价格比街上其他店贵两倍，但这丝毫不影响顾客对它的青睐，大家在这里购买的是高档的氛围和惬意的时间，老年人也能安心进店。该店的营业重点是店面、商品，而不是服务。如果在豪华的餐厅吃着高级汉堡包，还享受着贴心的服务，不仅毫无特色可言、商品价格大幅攀升，顾客也未必愿意花高价吃汉堡包。

这家店确立并坚持着自己的营业方针，豪华的店面装修搭配普通的商品和服务，这是平衡店面、商品、服务三者比例的典型案例。商品与服务是员工的责任，投资的经营者负责的是店面设计。因为商店的特色决定了各方面比例的调整，所以经营者还需确定服务标准。

（2）卖点在何处？

刚才我们提到要平衡店面、商品、服务的比例，但商家不能强制员工执行，在不知道所以然的情况下只按部就班地工作最乏味，所以经营者需在确定各要素的比例后转告运营方，运营方再向员工详细说明店面、商品、服务之间的平衡关系。

前面讲述的汉堡包店的实例中，店面、商品、服务之间的平衡关系非常清晰，该店的商品与街边汉堡包店的商品、服务都别无二致，但因豪华的店面而备受关注。

商品高昂的售价未必代表着高收益。这家汉堡包店在店面、商品、服务三者的比例中偏向店面。豪华的装修需要一笔大投资，折旧费也十分可观，但大成本的店面装修成为卖点起到了广告宣传的作用，这又成为开拓新顾客群体——中老年消费者的市场销售成本。

这家汉堡包店的成本计算如表 1-1 所示。

	洛杉矶的汉堡包店	普通汉堡包店
售价	1000日元	500日元
原料费	100	100
人事费	150	100
折旧费	300	100
电费、煤气费、租金	250	100
利润	200	100
利润率	20%	20%

表1-1

豪华餐厅的利润虽是普通汉堡包店的两倍，但两者利润率相同。再来看其他数字，因为商品大同小异，所以两者原料费相等，豪华餐厅需雇用清扫和维护人员，所以人事费会增加，华丽的装修导致折旧费的上涨，优越的地理位置和大量的照明设备使电费、煤气费、租金攀升。平衡以上几方面的因素是这家餐厅的经营基础。

如今商务酒店风行日本，这些酒店为了实现低房费而大力削减人事费，甚至出现了自助服务形式的登记和退房。但并不是说这样的酒店的服务质量有失水准，因为它与住宿价格相符，这种平衡即为商务酒店的经营方针。平衡并不意味着所有要素的比例要均等，而是要在平衡各项要素之前对自身提供的服务进行定位。

（3）"不用等"的重要性

我们常听见 Quality Management 一词，日语中一般译为"品质管理"。但因为"品质管理"的管理对象特指商品，所以有人主张将该词译为"质管理"，还有人称其为"经营的品质管理"。

之前我们探讨过服务的质量管理并非易事，如今我们的管理对象不局限于"看得见"的服务，平衡所有要素的服务才是上乘的服务。

美国有许多房间数量超过两三千的 Convention Hotel（大型会议酒店），这种酒店的目标群体是在附近开会且需住店的顾客。如今，泛指国际会议等大规模会议的"convention"一词也传至日本，但在日本很少有这种大型会议，常见的模式是全体与会成员参加开幕式，接着召开许多分科会议，然后是联欢会，最后大家一起出席闭幕式。

大型会议开幕前会有大批顾客集中在前台办理入住手续，闭幕后众人集中退宿，这是前台会排起长队的两大高峰时间段。酒店的服务人员拿着咖啡、果汁、零食等穿梭于队伍中免费提供给等候的顾客。

不论员工露出多么诚挚的笑容，大家并不会认为这是服务，只将其理解成酒店为让自己排队进行的辩解。由此我们可知，规划人员配置和系统迅速地办理手续才是酒店服务的重中之重。最近出现了一些为缩短排队时间的尝试，如可在机场大巴中办理入住手续，前一晚结算，如果有增加的费用可事后通过信用卡结算等，但仍然无法解决排长队的问题。

服务是一种为让顾客感到满意的手段，归根结底是一种辅助、支撑。服务与品质管理相互依存，缺一不可。这个例子再次说明了平衡各项要素比例的重要性。

第 2 章　提供服务

基于经营方针、市场营销、成本结构等设计好服务框架后，下一步就要以此为设计蓝本确定具体的服务内容。已经完成的设计图毕竟是纸上谈兵，我们还需把它体现在具体的动作和用语上，然后教给负责接待工作的员工，培训结束后，实际的服务环节才正式开始。开始一项新的服务之前，我们一定要花时间、下功夫培训员工。

　　服务需要将计划贯彻到底，但一旦对设计好的服务投入实践，往往无法严格地按计划展开。您的营业活动是否按部就班？既定的服务是否有条不紊地展开？出现问题又该如何应对？接下来，我们就一起探讨一下出现问题时的解决办法。

1—"任何人"都能"重复"的服务结构

（1）能否提供两次相同的服务？

集中力是因人而异的，但人往往能在有限的时间内爆发出巨大能量。新开业的商店里的员工精神饱满、声音洪亮，招呼声与笑容都做得很好，这是因为员工心中有开业的紧张感和实践培训内容的使命感，同时注意力也格外集中。随着时间的流逝，那份紧张感会逐渐消失，当初设计好的服务也会慢慢地无法适应新形势。如果服务需要最大限度的紧张感与专注，那么它就无法成为商品。

服务的首要原则应该是始终如一。我们工作时必须竭尽全力，但如果一项服务以最大限度的紧张感和专注为前提，那么它的设计肯定有问题。服务的对象形形色色，发生的状况也千差万别，所以我们无法提供两次相同的服务。我们之所以很难坚持始终如一的服务，是因为我们要随机应变地选择更合适的服务方式。不论员工接受了多么深入彻底的教育，最终还得依据自己的判断服务顾客。所以，按照计划实施服务只是一种理想的状况。

以优质服务为目标，将十足的干劲投入设计环节，培训阶段员工同心协力，再加上完善的体制，任何商店开业后服务都能拿满分。服务贵在坚持，昙花一现的一百分不具备任何说服力。顾客时刻都在比较服务，顾客不会说上次的服务一流而这次一般，顾客只会认为服务质量在下降。但商家也不能在初始阶段仅以80分的服务为目标，因为那样员工会渐渐地不思进取而安于现状。所以想要每次都提供百分百的服务，重点在于永远以满分的设计水平追求满分的服务质量。

有一家有名厨的餐厅新设了一项服务，即这位名厨逐一向来客致以问候，而主厨也认为顾客肯定会期待自己的出场，于是自开店以来一直坚持这项服务。好口碑拉动了顾客的增长，但主厨因为工作量增加而无法从厨房抽身，而且向顾客致意也不能来回穿梭于桌间草草了事，主厨还需要和顾客进行一番交谈。

服务不能仅凭一腔热情。最终，这项服务改为主厨结束给所有顾客上菜后在大厅向顾客致意，当然也有顾客早已离场以致主厨无法进行问候，但就其工作而言此举堪称完美。主厨的一声问候确实胜过服务人员的十句寒暄，但主持烹饪才是主厨的工作。所以即使最初干劲十足，如果遇到困难就应改变规则。

（2）先做好三件事

人脑优于电脑，但为何现在人类离不开电脑了呢？因为电脑的演算速度和记忆能力，理论上只要增加存储装置电脑的容量便可被无限扩大。据说仅人类大脑皮层就拥有140兆比特的存储空间，与电脑相比毫不逊色，但要调出所需信息时人类就会落败，因为人类不擅长快速正确地读取存储的信息。

服务也有几项重点，它们被写在工作指南上或加入到培训内容中。即使员工记住了所有要点，必要时他们就能够随机应变地进行应用吗？

员工一次最多只能记住三点："微笑""寒暄""鞠躬"，员工掌握这三点以后再继续记忆其他的三点。"微笑""寒暄"暂且不提，在"鞠躬"一项上加上"立定鞠躬"如何？如果再加上"鞠躬时必须注视顾客的眼睛"，员工应该能记住这种程度的吧。此外，"对上年纪的顾客稍微提高嗓音，尤其句尾要说清楚"

比单纯记忆"吐字清晰"更好,因为在日语中肯定与否定都是出现在句尾,如果句尾含糊,整个句子就会语意不通。

像这样选择三个要点记忆,服务内容便会逐渐清晰起来。这三点在工作指南和培训资料中能够轻松找到。

笔者以三点为例仅为说明员工可掌握服务要点的大致程度,其实不一定要三点,两点、一点也可,但对于所选的每个要点都需详述其内容。如果选择"微笑",那就请让全体员工进行实际的微笑练习吧。这点出乎意料得难,必须反复练习才能符合标准。如果选择"寒暄",那就必须确定寒暄语的内容,究竟是"您好"还是"您好,欢迎光临"也因各家商店的经营方针而异。此外,是否使用"您好"这类日常用语也需斟酌。

(3)服务重点需每日强调

人人都会容易忘事,但忘事不是借口,我们必须想办法牢记重要的事。刚才我们讨论过,员工应掌握的服务要点不应超过三个,多则易忘。那么我们不妨尝试一种方法——每日重复强调服务重点。

最初员工都认真地接受培训,但日子久了便觉得无需老调重弹,所以对强调过的服务要点左耳进、右耳出。我们理解员工的想法，但必须坚持每日重复强调服务要点，因为这样员工会在不知不觉间将这些服务要点深深地植入到潜意识中，然后不用主动记忆它们也会留在脑海里。

有时店家会将服务重点编成标语让全体员工诵读，这也是督促员工记忆的一种方法。这种方法的缺点在于诵读是主动发起的行为，人会产生事情已经发生过的错觉，员工在诵读时会误以为自己早已心领神会。

即使被认为墨守成规，重要的事也需反复叮嘱。叮嘱时不能仅说一些标语式的顺耳话或抽象的话，而需具体地说明，如"顾客踏进店门的瞬间要行注目礼，所以要经常注意入口"等。这样的话员工会将上级反复强调的服务要点视为重要信息而印入脑海，上级每日重复还有助于员工加深对这些重要信息的印象。

人是无法独自完成工作的，所以我们需要与人交流，尤其因为不想与上司之间产生误解，员工会格外关注上司的发言。即使内容与自己无关，上司所讲的内容一定很重要，而上司反复叮嘱的内容必然更是重点。上司反复强调同一件事情，员工自然不仅不敢掉以轻心，还会意识到上司所说内容的重要性。

（4）拥有"常识"和"判断力"

之前我们提到，对于服务重点，一次最多选择三个来掌握并需每天重复强调，原因何在？因为基本上服务的重点都是常识。常识大家都懂，谁也不会刻意地逐一去解释和记忆。当被要求重点记忆某些常识时，我们就集中到三个要点并每日重复强调以防遗忘。

比如"寒暄"就是常识。但常识为何称为常识呢？因为我们长期称其为常识，且从未反省其理由。我们通过家人、周围环境认识它，或通过亲身经历去掌握它，这是社会生活中必需的常识。服务稍有不同，它要求我们在迄今为止掌握的常识上再增添些服务常识。

何谓服务常识？就是设身处地为顾客着想的"判断力"。说起来简单，实际上都是不用深思的行动，是此情此景的自然反应。因此服务常识既是常识，也是判断力。

然而，每个人的生长环境和人际关系不同，常识与判断力之间也有微妙的差别。时代在变，常识与判断力和措辞习惯一样也会变化，所以提供服务时我们需要再度明确常识的内涵。比如有的国家会在服务工作指南上写员工在工作前需剪指甲、洗手，在我们看来这是类似幼儿园教育的要求，但因为该国没有这种习惯，所以无法成为常识。大家都有的习惯才叫常识，但习惯并非人人都有。不理解这点，就无法保证服务质量。

服务是常识和判断力，但常识和判断力并非人人共有。要掌握那些不经意间有的常识，需要我们不断地努力。

（5）处理好员工之间的关系

通过上面的叙述，想必您一定了解了只要通过常识和判断力设身处地为顾客着想，服务便能让顾客满意。但是您注意到了吗？这些服务要点正是我们日常生活中需要注意的方方面面。服务产生于人与人的联系中，日常生活也以人际交往为基础。换位思考的目的有异，性质却相同。

生活中的我们与服务时的样子相差甚微。手工业与机器制造业需要的是各自的技术，服务业需要的是人际交往的技术。

服务业所需的技术与其他技术一样必须通过努力来掌握，但人际交往能力和生存能力都是与生俱来的，我们只需不断地加以磨炼。

那么我们如何磨炼人际交往能力呢？每个企业都会强调要创造一个愉悦、轻松的职场环境，一个总是沉着脸的人不可能一到工作地点就绽放出和蔼的笑容。普通企业提倡"轻松职场"

是为了创造高效的工作氛围，而服务产业则需管理者和上司采取策略提高服务的质量。仅对员工进行服务技术指导难以提供真正让顾客满意的服务，关键在于让员工自己意识到问题并去解决问题。为了提高服务质量，上司需要与员工建立良好的关系，员工之间也要融洽、和谐。

2—服务现场的交流

（1）用待客用语交谈

接下来我们讨论一下服务中的对话。因为服务有其目的，所以实现目的是服务的终极目标。虽然言语恭敬并非服务，但需要就有难度的敬语的使用方法对员工进行培训。现在，我们来一起探讨一下看似简单却容易出错的措辞。

任何职业都有行话，行话和专业术语不同。后者有固定的含义，是获得公认、被列入辞典的语言。行话则是指同行（指某一行业的公司、店铺）日常使用的缩略语或俗语。行话在懂行的人之间使用起来很方便，但在接待顾客时也会不经意地使用行话。并且人入行以来会对行话耳濡目染而容易产生一种错觉或误解，认为行话在行外也通用。

顾客在预约酒店时偶尔会咨询房间的面积，有的服务人员会立即回答："××平米"。"平米"意为平方米，是建筑相关专业的专家使用的缩略语，负责预约的工作人员或许想当然地认为这是个通用语，但它不是待客用语。

年轻人对待事物有着很好的灵活性，他们会不断地创造出新的词汇，但他们也需花费一定的时间来接受这些词汇。仅因为流行便在服务中使用这种缩略语，服务会显得不够专业。

除了缩略语、俗语，服务人员在工作场合与同行交流也需谨慎。上班时间禁止私语，交谈内容必须与工作内容相关。与同行交谈时若有顾客在场，应使用待客用语，否则会让顾客产生疑虑。此外，如果行话与待客用语相去甚远，也将成为顾客对服务感到失望的重要原因。工作时间的待客用语不能等同于工作时间以外同行间交流的语言。

（2）站在顾客的立场与顾客交谈

说话的目的在于向对方传达自己的心意，而对方的状况将影响传达的效果。服务人员不能向顾客强加自己的意志，应首先营造让顾客聆听的氛围。

顾客在店铺外面浏览陈列橱窗时，有的服务人员便会上前寒暄。顾客眼下虽无意购买但对商品格外中意，可能想过几天再来购买，这时如果被搭话，顾客便会转身离开。

酒店里常会安排专业人员解决顾客的不时之需，但并非每位顾客在无所适从时都会前来求助。

商店和酒店必须随时关注顾客的想法。商店里的服务员必须知道何时不应搭话，酒店里的工作人员必须知道何时应搭话。

不仅是服务人员，店内氛围、内部装潢等都是在向顾客展示店铺的个性。餐厅、酒吧等地的设计与装潢都别具匠心，甚至还会花钱请人表演。但顾客们偶尔会看见一些与店面风格大相径庭的东西，如结账的自动结算机。为了欢迎顾客的到来，餐厅及酒吧通过别具一格的设计和装潢营造出富有格调的气氛，却不恰当地安置了一些与店面气氛格格不入的电脑。与店面风格不符的东西需要想办法置于顾客视线外的隐蔽处，或者制作统一风格的外壳将其包住。

店面风格不统一是忽视顾客感受的表现。就餐时食物的味道不仅取决于菜品本身，还综合了服务、氛围等因素。比如在酒吧喝酒，除了喝酒，顾客喝的还有氛围，这种氛围才是商品。

（3）逆耳忠言的重要性

因为服务是为了让顾客满意，也是充分表现商品价值的手段，所以不能为了追求顾客满意度而牺牲固有的商业目的。虽然服务旨在满足顾客所需，但服务内容的范围需由服务提供方基于商业目标而定，所以有时必须对顾客说出逆耳忠言。寿司店里的寿司和天妇罗只有刚做好时才最美味，即商品价值最高，然而如果顾客忙于聊天无暇食用，商品就会逐渐贬值，顾客对食物的满意度也随之大打折扣。这时，店员必须提醒顾客尽快享用美食。

酒店的大厅宽敞明亮，正是儿童心目中理想的运动场，孩子们喜欢在大厅里追逐打闹。此时工作人员必须断然予以提醒，不仅因为这种行为会打扰其他顾客，最重要的原因是这样做十分危险。工作人员进行提醒时一定要说出理由，例如如果儿童在大厅奔跑打扰到其他顾客或造成危险，酒店将被追究责任。

为了避免发生危险，通常需预先警示。但这样治标不治本。

为什么不能在大厅奔跑呢？因为大厅是家的一部分，在家里自然不能到处乱跑。或许有的家长没有这样教育过孩子，所以工作人员应该解释道："这里是名叫酒店的家，不可以乱跑哦。"不说清楚理由，孩子是不会明白的。

服务中还有许多不得不说的逆耳忠言。往大方面说，这两个例子还告诉了顾客什么是原则，所以也是某种服务。坚定地说出逆耳忠言反而会提高服务质量，因为这是以顾客为本的证明。

服务人员与顾客是商业关系。说出逆耳忠言才是真正的服务。

（4）面对不同的服务对象，使用不同的声音与文字

大家看老电影时会发现，演员们的声音听上去格外地舒心悦耳，一是吐字清晰，二是语速。人们常说如今的电视和广播说话的速度比以前快，这也是一个时代潮流吧。

不仅是日本，笔者看美国电影时也感到老电影中的英语比较好懂。

现在无障碍通道随处可见，人行道、斑马线都在一个平面，楼道内除了楼梯还有坡道。但无障碍仅是把道路变得平整，并没有为因上年纪而眼花、耳聋的人解决障碍。

笔者去欧美的餐厅时总会感到不舒服，因为它们的大厅都很昏暗且菜单字太小。欧美人瞳孔颜色浅，害怕强光，所以在屋外常戴墨镜。普通家庭也多采用间接照明，光线柔和暗淡，

读书时不伤眼睛。他们的餐厅装潢也如此。最近有的餐厅会提供带光源的放大镜，电视广告中还有"光源放大镜在手，浏览菜单不用愁"的宣传，这是因为有上年纪的眼神不好的顾客的缘故。

虽然餐厅在视觉方面做了很多努力，但在听觉方面因为服务人员未加重视所以做得远远不够。

但我们必须把想表达的意思正确地传达给对方。所以服务人员必须留意顾客的反应以推测对方是否听清。

员工还要注意语速。虽然就餐不是看电影，但上年纪的顾客生活的那个年代的人们说话普遍比现在慢，所以他们的语速也比较慢。而当面对年轻顾客时如果依旧是一字一顿，反而会让对方着急。

服务时需视对象调整说话方式。话不投机的话，服务便无法继续。

3—我们需要一味地追求高水平的服务吗？

（1）你的眼中有顾客吗？

高品质的服务本身具有某种目的，所以不同于普通的服务。实现高品质的服务有一定的难度，对员工也要进行特殊培训。我们所说的高品质服务实际上是一个经过比较的结果，需要有一个参照物，即服务的基础——常识加判断力。一流的服务与普通的服务都追求顾客满意度，但前者追求的满意度更高。

还记得我们之前怎么区别看待"服务"与"功能"吗？严格来说两者难以分割，但如果要追求卓越的服务就必须分开考虑，这是因为"卓越"取决于"服务"与"功能"的结合程度。

在餐厅用餐时常有服务员过来添茶加水，续杯其实是高要求的服务，绝非是在顾客用尽饮料时上前询问那么简单。尤其是当几位顾客正边吃边聊时，服务员必须看准不打断顾客的插话时机。

有的餐厅会设计特殊的服务，通过现场烹饪表演渲染用餐气氛，或让厨师用奶油在点心盘中作画。精彩的表演会赢得顾客的连连称赞，但如果表演者自以为所有顾客都兴致盎然，便会专注于"功能"而忽略了顾客的感受。服务人员还需注意表演的时长，没完没了地表演会引起顾客的反感。

服务需要员工的全心全意和察言观色。所谓一流的服务，第一步是要设身处地为顾客着想，以满足顾客需求为服务之本。

（2）比工作指南还专业就是高水平的服务吗？

我们常认为比服务工作指南还专业的服务是高水平的服务。提到高水平，我们总会联想到高难度。酒店的招待人员精通多门外语，服务外国人时确实有语言优势，但如果不知道随机应变地应答，那也就只是懂外语罢了。我们心目中的高水平服务，应该是指专业的技术和渊博的专业知识吧。酒店的斟酒师如果对酒有着广泛而深入的了解，便能为顾客挑选中意的葡萄酒。这种专业的服务至关重要，但并非服务设计者心中的高水平服务。斟酒师精通酒类专业知识是获得该职位的先决条件，但具备了这个条件也未必能提供高水平的服务。

比如外国人在一个语言完全不通的国家问路，酒店的服务员通过肢体语言等使出浑身解数地为顾客提供帮助，服务员竭尽所能地满足顾客需求，这是极高水平的服务。顾客不关心服务员拥有多么深入的专业知识，也不在乎他们为掌握知识做出了多大努力，能让顾客感到满意的只有服务员有求必应的态度。

本书开头我们也强调过，服务的关键在于始终如一。说起来容易，做起来难，最简单的事情往往难度最大。以微笑服务为例，世界著名的酒店领导者一直强调"Smile is everything and cost nothing"（微笑就是一切，但微笑的成本为零）。这是空前的创举，如果所有从业人员都能做到这点，那么酒店肯定能够驰名世界。

提供高难度的技术支持也是高水平的服务，但有求必应的竭诚的态度才是顾客心中的高水平服务。

（3）你是按照设计好的内容提供服务的吗？

我们要认识到顾客至上，但过度强调这点容易演变成一种借口而埋下失败的种子。假设餐厅里有一位顾客点餐时花了很长时间致使其他顾客久等，服务人员也无暇及时招呼新来的顾客。

服务人员认为自己花时间详细了解并满足顾客需求的做法无可厚非，但这只是托词。点餐时浪费大量时间并非顾客的问题，可能是菜单不够明确，尤其是许多法式餐厅会在菜单中的菜品名称的片假名后写上"××式"，且多为不被人所熟知的人名或地名。这种菜单法国人看没有问题，但很多用语对日本人来说还很陌生。我们肯定这种菜单的设计风格，但如果还要通过口头宣传加以补充说明则需留足够的时间，所以服务的设计者要想办法不影响其他顾客的点餐。

服务不是商品的全部，不论如何追求服务的质量，实现不了服务目标就会前功尽弃。点餐时的第一目标是在询问过顾客的选择后迅速通知厨房，没有理由把时间全用于询问顾客的下单，将浪费时间解释成追求服务质量只是借口。此外，对顾客一视同仁是服务的原则。有时服务人员会和常客不知不觉地攀谈起来，但其他顾客心中会产生失落感甚至反感。要做好服务，就不能仅以部分顾客的满意为目标。

4—服务的内涵与目的

（1）先向员工说明原因，再培训他们的实际技能

培训员工时要以实际操作的技能为中心。培训大纲里的商品说明、不同场合的措辞等能立即学以致用，但如果在实际工作中按部就班，则难以感受到工作带来的乐趣和充实感。员工在刚上岗时或许产生过满足感，对工作熟悉后就容易惰性大增，出现错误、忘事等各种状况。

我们在小学、中学的算数或数学课的学习中，会在熟记方程式等后进入实际应用问题，这时我们才意识到熟记公式的必要性。小时候我们对老师言听计从，但在商店里工作的都是成人，死记硬背不会有助于提高服务。

但我们可以反过来先在培训阶段向员工解释每一项服务的

前因后果。

　　酒店里穿制服的员工有时会在走廊或大厅里匆忙行走，虽然这位员工看上去态度认真，但顾客会觉得奇怪，因为酒店大厅本是一个放松的环境，所以如果顾客看到穿制服的工作人员跑来跑去会怀疑酒店里发生了事故。

（2）深入学习商品知识

　　销售任何商品都需要员工对所售商品有深入的了解。员工在提供服务的同时还要进行经营活动，服务态度的好坏马上可以判断出来，商品知识的掌握程度则体现在与顾客的交往中。而对商品的了解程度，员工本人是最了解的。

　　员工培训的一个重要环节是介绍商品知识，但商家为了让员工尽早上岗而将培训内容限定在销售相关的范围。理论上，员工只有深入地了解了所售商品才能为顾客提供优质的服务，但培训受限于预算和时间而无法面面俱到，培训结束后的发展程度一般只能看个人的努力。员工对商品知识的掌握程度不仅决定了本人的前途，还影响到营业绩效。

　　以法式餐厅中服务员向顾客介绍菜单为例。培训时商家会告诉服务员菜式，但对全体都是片假名的菜单该如何解说呢？

某佛罗伦萨式料理是指这道菜的原料里有菠菜。这道菜之所以命名为"佛罗伦萨式"是缘于该地盛产菠菜，一般培训时不会详细解说。但如果培训师能做到这个程度的解说，不仅会调动员工兴趣、方便记忆，还有助于员工与顾客之间谈话的深入，最终员工也能感受到工作带来的充实感与满足感。

与汽车营销人员聊天时，笔者发现有些工作人员不仅对自己公司的车特别熟悉，对其他公司的车也一清二楚，当然有的人是因为要和其他公司竞争才主动去了解。但据笔者所知，许多人之所以从事这份工作是缘于对车的热爱。

兴趣是最好的老师。如果员工热爱本职工作就自然会愿意学习，随着知识的增长也能获得更多的乐趣。

古希腊哲学家亚里士多德在著作《形而上学》的开篇写道"求知是人类的本性"。求知是人的本能。还有比品味发现新知的喜悦、自身取得进步、让顾客满意更为愉快的事情吗？

（3）把培训任务交给下过苦功的人

员工培训的重点与难点不在教育的方法，把握员工的接受程度才是关键。

学校教育是通过考试检测学生对知识的理解程度，而员工对服务的理解程度只能通过实际操作来检测。有好的结果自然值得庆幸，但不尽如人意的结果不仅是个人的问题，企业或店家也要负相应的责任。企业研修是培训员工的重要环节，它能帮助新人更好地理解所学内容。培训工作会耗费大量成本，如果无法获得预期成效就会影响收益。

接下来，我们来一起思考一下提高培训效率的方法。一方面是培训的内容，包括教材；另一方面是培训方法，即由谁进行培训。

学校的老师掌握的是专业教学方法，企业培训则多由上司或前辈等人负责，这些人通常在工作上得心应手、有能力。

人们常说，体育界的著名选手不等于著名教练。企业亦是如此。

优秀的人希望对方有和自己一样好的理解力或以此为前提进行交谈，而实际上，人的领悟能力有快有慢。学校的老师能够因材施教，企业内部的老师却未必能做到。

我们应该让那些需要花时间去领悟、去记忆的人担任培训的工作，因为他们下过苦功，所以有资格向新人讲述奋斗过程，也能切实为新人着想。

接受培训的员工往往会觉得无从下手，其实没必要妄自菲薄，因为培训师是我们身边的人而非真正的老师。老手与新人之间能力相差悬殊，那些能向新人畅聊自己失败经验的人才是企业内部适合培训员工的老师。

在日本，每年4月新人上岗时企业领导人会对新人进行训诫和鼓励，有经验的前辈会与新人交流工作经验。许多新人情绪紧张，加之大量的新词汇扑面而来，所以他们经常记不住所听到的内容。而在欢迎会或联欢会时，当领导说起自己刚入职时的失意经历时，新员工会对领导萌生出亲近感和安心感，并获得鼓舞。

实际上，历经过重重挫败的洗礼后才最终走到高层的人必定有几百倍的成功经验，但新人并没有想到这一点。但这没有关系，因为这就是教育，必须有一个循序渐进的过程。能和新人大谈失败经历的领导才是最棒的教育者。

（4）职场内培训——OJT

OJT（On the job training）意为在实际的职场学习，很多企业将其纳入员工培训项目中。把员工正式分配到工作现场，让其在工作中积累经验，这是教育的一部分。员工需要明确工作内容、记忆工作内容、跟谁学习、学习方式。

·确定时间

OJT 的时间因工作种类而异，并不是越长越好。一般是三个月至半年。

·制订日程

员工需体验多项工作，工作种类不同，用时也不同。

·明确学习内容，进行上岗培训

OJT 不是让新人单纯体验，而要让其明白工作目标。

·选定一对一的培训人员

要明确告知培训人员 OJT 的目标。

·定期回顾，检测效果

对培训人员和新员工进行十天一次或两周一次的采访，检测效果。

·根据效果改变内容、时间

缩短时间的可能性也存在。

这是理论上的 OJT。

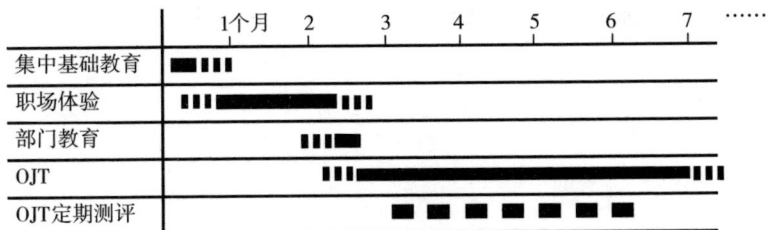

图2-1　OJT 的日程范例

实际上，新人上岗后都期待能大展身手，却因不熟悉工作内容而被分配一些杂活，但千百遍的杂务也提升不了工作技能。新人身边的培训师多为随机指派，而每位前辈对服务都有自己的主观见解，所以有可能每次的教导都不尽相同。加之新人对工作一知半解，周围人也不放心分配工作给新人。

这样下去，OJT就只是徒有虚名。想让新人早日顺利上岗，就必须实施OJT，至少应该指定培训师，而进公司一两年的员工是最佳人选。他们与新人有着相同的经历，他们不仅需要教给新人职业技能，还要倾听新人在职场中的烦恼以及新人刚进入社会时由身份转换带来的苦恼。教育新人是整个部门单位的责任，需要培训师、同事的理解、团队合作。

佩戴着实习生或进修生胸牌的员工，在顾客眼中都是服务人员。佩戴胸牌就等于在说"若招待不周，请多多见谅"。不同的企业或商店虽然有不同的方针，但为了避免胸牌被认为是一种借口，企业或商店的领导需要反思真正的OJT。

5—如何将服务工作指南学以致用

（1）急需时它就在手边

英语中的 manual 在汉语中被译作指南或入门书，想做一件事情时只需阅读此书便能入门。

实际上，指南常被等同于教科书，或被写成抽象的企业理念。它们被称作指南，但并不是真正意义上的指南。企业确实需要明确目标并将其反映在服务上，但指南不是把企业目标写成白纸黑字。

可以把服务工作指南当作教科书，反之不可。因为教科书旨在体系性地传授知识。

以向顾客打招呼一项为例，教科书中会系统性地介绍迎宾、送客、致谢，但工作指南是指导实际操作的用书，撰写时必须按照实际业务的流程。在前门处迎接顾客，将顾客送至目的地，询问顾客的需求，向顾客致谢。按照这个流程书写寒暄步骤才是工作指南。

我们再来看一个会计业务的例子。会计的工作指南基本上都是关于销售方法、制作账单（销售发票）、如何算账、如何收钱款、如何操作信用卡、如何结算等内容，这是账务处理的指南，但不是会计人员的指南。会计是为顾客服务的最后一个环节，有时会计人员会因为说明不到位或办理业务耗时过长等原因与顾客产生矛盾。对顾客表达谢意，聆听顾客的意见与建议，希望顾客再次光临——才是会计人员的重要职责。

会计的服务工作指南不能与账务处理指南混同，必须按照业务流程撰写。会计人员可以通过账务处理指南学习业务，但处理账务不涉及与顾客的实际接触，可能导致会计人员清楚如何处理账务却不明白会计业务的服务内容。

工作指南并非不可或缺，它不拘泥于形式和位置，不需要装订成书，有时它可以是一张纸片，但我们急需时它一定要在手边。

（2）多人共同学习的必要性

服务工作会强烈地反映出个人主观意愿。所以即使是最完美的指南也无法百分百地传达给员工。一个人学习指南时，难免在字里行间混杂着诸多个人臆断与猜测。

我们一起来看个例子。一家服务水平高、颇有口碑的餐厅，它的服务工作指南中写道："为了展现餐厅的特色与个性，请尽你的一份力。"这种尊重个人的做法从精神论的角度来说值得赞扬。理想情况是员工都能找到自己的用武之地，但实际情况呢？

服务工作指南虽然强调要展现餐厅的特色与个性，但这部分内容必须由数名员工共同学习。

指南里所阐述的该餐厅的特色与个性："用最优质的服务提供最美味的佳肴"是特色，"顾客不仅能享受法式料理，还能品味日式风味"是个性。然而我们不禁要问，员工通过阅读服务工作指南，就真能明白自己的职责吗？

指南中虽然有说得更具体的地方："迅速把顾客带到其中意的位置"，但未详细说明服务员应如何询问顾客想去的位置，以及如果该座位已被占用时应如何处理。不是工作指南有漏洞，而是待客的情况多种多样，一本薄薄的指南无法一一列举。即使指南中列出了全部情况，员工也无法逐一记忆，最后只能放弃。

```
                         ┌─────────┐
                         │  各部门  │
                         └─────────┘
              ┌──────────────┼──────────────┐
    ┌─────────────────┐ ┌─────────────┐ ┌─────────────┐
    │ 顾客（失主）来到店内 │ │ 顾客未来到店内 │ │   贵重物品    │
    └─────────────────┘ └─────────────┘ │ ·现金        │
              │               │          │ ·贵金属等     │
    ┌─────────────────┐ ┌─────────────┐ └─────────────┘
    │  由所在部门负责   │ │ 在失物招领簿  │        │
    └─────────────────┘ │ 上做记录     │ ┌─────────────────┐
                        └─────────────┘ │ 在失物招领簿上做记录 │
                              │          └─────────────────┘
                        ┌─────────────┐        │
                        │用FAX发布失物招领信息│ ┌─────────────────┐
                        └─────────────┘ │ 用FAX发布失物招领信息 │
                              │          └─────────────────┘
                        ┌─────────────┐        │
                        │ 保管时将专门的失物│ ┌─────────────────┐
                        │ 文档附在失物上  │ │ 保管时将专门的失物  │
                        └─────────────┘ │ 文档附在失物上    │
                              │          └─────────────────┘
                        ┌─────────────┐        │
                        │ 失物文档（各部 │ ┌─────────────────┐
                        │ 门保管用）由各 │ │ 事发当天将贵重物品与 │
                        │ 部门保管     │ │ 失物招领簿（各部门  │
                        └─────────────┘ │ 保管用）一起交到前  │
                              │          │ 台。各部门也要保存  │
                        ┌─────────────┐ │ 失物招领簿的复印件  │
                        │ 失物由各部门   │ └─────────────────┘
                        │ 保管三个月    │        │
                        └─────────────┘        │
                                               │
              ┌─────────────┐                  │
              │ 也存在失主深夜、│                  │
              │ 早晨来取的可能性│                  │
              └─────────────┘                  │
                    ┌─────────┐ ┌─────────────────┐
                    │   前台   │ │ 失主来认领之前一直保管 │
                    └─────────┘ └─────────────────┘
```

┌──────────┐
│   │ 是"事件"   ⬭ 是"执行者"
└──────────┘

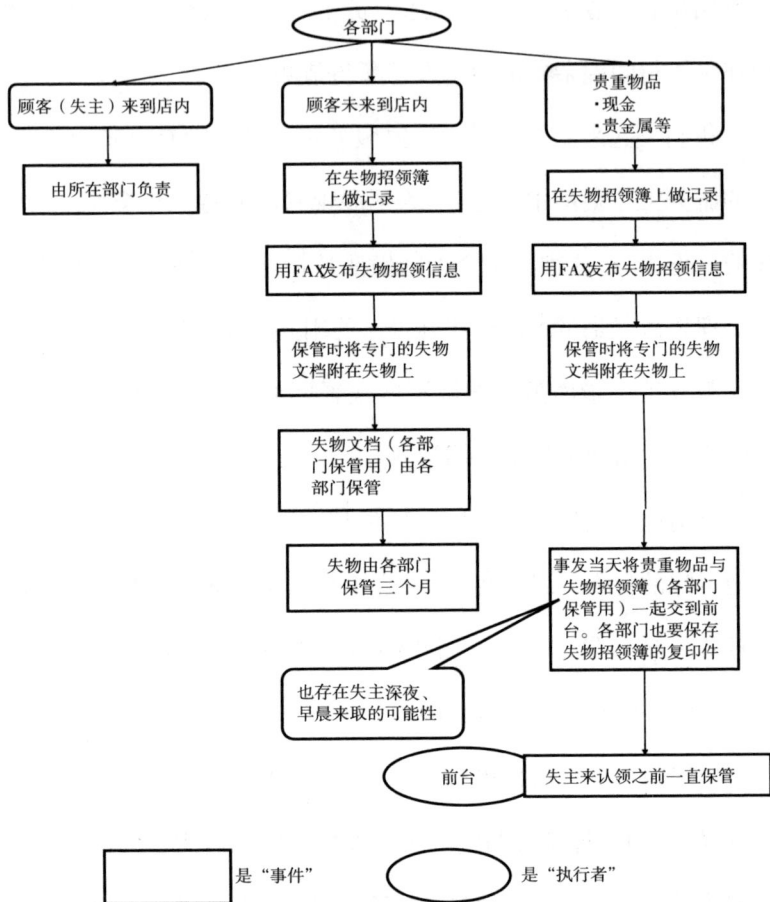

失物管理规定

即使宾馆等清楚失主信息，原则上也无需主动联系失主。但紧急情况除外。

图2-2 餐厅、宴会、公共场所有人遗失物品时的服务工作指南范例

这份服务工作指南在撰写时有个前提，那就是员工学习时需在指导人员的解说下逐步深入。很多情况下，工作的性质决定了服务指南必须按照特殊的形式编写。在这个例子中，员工需在专人指导下、通过阅读手册学习如何询问顾客喜欢的座位。服务不是简单地对着工作指南照本宣科。

（3）预习、实践、复习相结合

学生时代的学习，是将预习、上课、复习相结合，尤其是复习总被老师强调。我们上课时自以为懂了，但回到家就都忘了，或者自己的理解与原意相差很大。

学习服务工作指南也是一样。指南写得通俗易懂，员工在阅读的当下似乎完全明白，于是就认为自己没必要复习。而且企业或商店虽然在工作现场利用上班时间进行培训，但下班后员工的学习就会告一段落。

虽说走入了社会，但我们的理解能力与记忆力并非优于学生时代。培训师面对社会人士也不会喋喋不休地强调复习，他们认为学员能否记住是他们自己的分内事儿，这个道理员工也都明白。

员工掌握不了工作技能，损失最大的不是个人而是公司或商店。对于企业来说，培训员工是一项成本。

这世上不存在一本万利的事。对员工的教育不是目的，而是为了帮助员工活用所学的知识和技术为企业或商店创造价值。

我之前也反复强调，服务靠的是常识与判断力。因为常识与判断力人人都有，所以阅读服务工作指南的员工会感觉自己当时已经懂了。但当读到"与顾客打照面时，必须立定问候"时，员工往往会认为这是理所当然的常识，自己早可以做出判断，于是更不想下功夫记忆。最终，这个服务要点就会被彻底遗忘。

工作指南是需常备在身边的指导用书，有了它我们可以随时翻阅以防遗忘，而不是为了临时抱佛脚。不论是教还是学，我们都不能想当然地认为工作指南一读就懂。

解决问题的基本方法（写入所有部门的服务工作指南）

1. 认真倾听顾客的抱怨
2. 设身处地为顾客着想
3. 不明白的地方要悉心地询问，正确把握让顾客感到不满的内容、顾客提出的要求
4. 将顾客的意见写成报告并提交
5. 查明原因
6. 综合考虑顾客的满意度、可行性、费用等，制订出最完美的解决方案
7. 对已解决的问题也要进行确认，并写入报告书中
8. 制订防止相同问题再次发生的策略，写成报告书
9. 从顾客产生不满情绪到制订防止相同问题再次发生，将此过程中的行动策略进行推广

服务的基本（写入所有部门的服务工作指南的开头）

嘴：微笑
眼：眼神交流
声：清楚、明了

图2-3　指南实例

（4）与形式相比，要更注重实用性

服务工作指南有时被用作培训员工的教科书，理论上它是供员工在实际工作中手足无措时可立即翻阅的指导用书。

指南必须简洁易懂、各要点一目了然。服务现场的指南多为能立即学以致用的指南。

服务指南无需装订成书，一张纸片也可以。将那些难以记忆却又被频繁参考的内容贴在墙上也是一个方法，但一定不能让顾客看见。我们时常能在橱窗背面或收款台附近看见备忘便笺，这相当于让顾客看见了经营内幕。

咖啡店的服务员要负责蛋糕的装盘或冰激凌的点缀。这些服务员都接受过培训，但因为人员变动频繁，服务质量无法得到提升。有的企业想办法设计了一种装置，服务员在接到订单后摁下标有所选点心的按钮，眼前就会出现装盘或点缀的照片。美国早在40年前就使用前这种办法。

如今电脑已经得到普及，酒店的入住和退宿手续都需用电脑处理。电脑屏幕上除了显示一些必要的画面外，还会显示重要事项和对顾客的问候，有时甚至还会用外语标明。此外，如果把每日变更的酒店内的活动信息也打在屏幕上，服务人员在接待顾客时一定不会出错。这只需在系统上微微做出修改就能

轻易做到。此举并不是让服务人员专门去确认重要事项，而是让重要事项随时随地都能映入服务人员的眼帘。这种方法比40年前在美国被使用的那种具有划时代意义的系统更为优越，因为后者存在一个缺点：服务员需要自己摁按钮，一旦按错就前功尽弃了。

商家需要想办法让服务人员随时都能看见餐厅的餐桌布置以及商店里摆放的商品样本。如果商家设法让这些服务要点保持随时可见的状态，员工在需要时拿来样本用就可以，从而不会给员工造成额外的负担。

"养兵千日，用兵一时"，服务指南被实际派上用场的机会并不多。因为不可或缺，所以产生了工作指南，但如果实用性不强会导致它被束之高阁。请再确认一次，当您急需服务指南时，它就在手边吗？

（5）服务时看工作指南也 ok

服务工作指南旨在帮助员工记忆或确认工作内容，或许有人会认为员工在服务时不应该看指南，但也有例外。服务时凭错误的判断或模糊不清的印象只会适得其反，不论员工表现得如何熟练，结果只能是"赔了夫人又折兵"。

　　酒店内有各式各样的餐厅，现在还有很多餐厅不属酒店直营而是由外商承包。假设有顾客来询问某间餐厅的营业时间。顾客认为穿着制服的人均为酒店的工作人员，他们不在乎员工是不是属于餐厅所在的部门。

　　为了满足顾客的需求，酒店需告知服务人员餐厅的营业时间，但员工未必能完全记住。有的餐厅还会根据季节调整营业时间。

　　此时，员工不应按照模糊的记忆答复顾客，而应掏出服务指南予以确认。为了避免顾客产生"怎么回事，身为酒店服务人员居然不知道"的不满，服务员应该说"请允许我确认一下"，然后在回答时加上"现在这家餐厅正在开展××活动，祝您度过一段愉快的就餐时间"，这样就是变被动为主动的服务。

　　这个例子中，因为员工可能在活动范围内遇见顾客，所以他们有义务随身携带最新的酒店内信息，哪怕是一张纸片也可以成为完美的服务指南。

　　工作指南本是私有物品，不能让顾客知道它的存在。但顾客有需求的时候，员工为了保证信息的准确性在顾客面前翻阅指南也无可厚非，但需要像上述案例那样向顾客清楚地解释翻看指南的原因。

　　在酒吧里，偶尔会看见调酒师一边看着鸡尾酒手册一边调酒。调酒师通过与顾客进行交流询问对方的意见"同一种鸡尾酒也有不同的款，这本书中有这一款，您看行吗"，从而避免顾客怀疑自己的能力。即使酒吧有自己特制的鸡尾酒，调酒师也并未强行推销，而是通过交流避免给顾客带去不悦，这就是一种高品质的服务。

6—如何修改服务内容

（1）不能独自下结论

将设计好的服务投入实践后中途会因各种理由发生变化：设计阶段尚未预料到的状况层出不穷，服务的性价比不高，由于时间所限服务内容未能完成，员工工作时的移动路线混乱等。

"牵一发而动全身"，一丝微小的变化也会使整体服务偏离最初的设计，而且仅凭个人判断无法正确分辨出更改服务的必要性。因此，不论是何种理由，员工都不能擅自更改服务内容。变更服务内容需办理一定的手续，计划更改前须有明确的理由，然后再提出申请。

商务交往中有一项规则，电话铃响三声以内应立即接听。间接来说这也是一种服务。许多管理部门导入了这项规则，但有的部门因业务繁忙、人手不足，铃声响了三下也无法接听，于是就希望将电话铃响三声变为电话铃响五声。

为何当初规定三声铃响呢？对于接电话的人而言，铃响三声不算长，但打电话的人因看不见对方而容易产生焦急感，铃响超过三声便会感到漫长。这样铃响三声便成为了接电话时机的标准。

为何电话铃响三声还无法接听呢？服务员接一通电话花费了过长时间或许是原因之一，但真正的原因恐怕是服务人员业务水平不到位吧。服务员经验不足，不能领会顾客的意思，或者遇到自己能力范围外的工作但没能及时转交给相应负责人。如果解决了服务人员业务水平的问题，一定能在铃响三声内接听电话。

一个人仅凭感觉或判断可能对事物的本质产生误判，这将导致严重的后果。要改变既定的规则必须征得规则制订人的同意，这是必需的程序。因为维持服务质量就是维持商品质量。

（2）对其他服务内容的影响

假设经过调查，我们不得不修改当初设计好的服务内容，但这样做或许会影响其他的服务项目，也可能导致整体服务质量的下降。因为当初的设计是着眼于整体服务的质与量，牵一发而动全身，更改其中一项，会打破与其他服务项目之间的平衡。

顾客并不执着于服务品质的高低，他们看重的是整个服务质量的平衡。如果仅提升其中一项，那么这项服务将成为今后服务的标准，而其他贯彻至今的服务项目则变成了整个服务的短处。人们总倾向于向高标准看齐，如果其他服务都维持现状，只有一项服务变得出类拔萃，相比之下人们会认为其他服务的质量低劣。

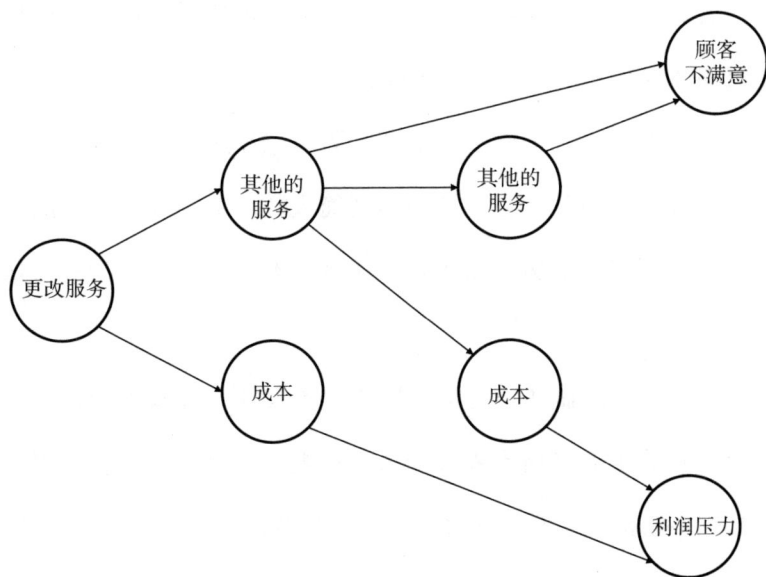

图2-4 变更一项服务给其他服务及成本带去的影响

假设商店推出了一项新的服务项目，所有服务人员要将顾客送出店外以向顾客表达诚挚的谢意并希望顾客再次光临。

这样周到的服务确实能赢得顾客的好感，但收银员的处境会变得尴尬。因为最初这家商店在设计服务内容时规定由收银员在收银台向顾客道以最后的问候，而收银员是不能擅自离开岗位的。此时服务内容发生了变化，送客在所有服务中变得更为突出，如果其他项目照原计划执行，那么顾客就会认为收银台的服务人员态度冷淡。

店家想强化"送客"这一重要环节的做法无可厚非，但如果仅加强这一方面会降低整体的服务质量。

我们再来看一个例子。某商务酒店想让顾客以合适的价格享受到舒适的服务，为此该酒店精简人数，缩小人工服务的范围。这家酒店为了赢得回头客，还将原本放置在大厅的报纸送至客房。

其实这样的做法不可取，因为它不仅违背经营理念，还会显得与其他服务格格不入。如果不正视这一点，该酒店的服务就必须不断推陈出新，如将大厅内的付费报纸免费送至客房等，长此以往顾客的期望与要求也会相应地增加，这就完全偏离了商务型酒店的理念。

与此相反，市中心的酒店提供的都是高档的设备与服务，酒店内不仅有休息厅，还有戴着对讲机的服务人员，宽敞的客房里洗漱用品一应俱全，给人一种高档服务非常完善的印象。但冰箱却是空的。虽然让顾客自己携带饮料是该酒店的服务方针，大厅里也设有销售点，但空空的冰箱仍然会破坏整体的服务质量。或许开业时酒店在客房冰箱内放置了付费饮料，后考虑成本便改变了服务方针。改变方针的做法虽然有其道理，但酒店必须考虑此举是否会破坏与其他服务项目之间的平衡。

（3）是否与成本相当？

我们之前提到过，设计服务内容的阶段要计算所需成本。成本不仅包含人事费，顾客优惠和积分等账面上的促销费也是提升服务品质的成本。

所以我们在更改服务内容时需检查所花成本是否超出了既定范围。如果超出了，还需计算究竟超出了多少，并判断这样做是否合适。

服务的改变很容易看到，但成本的变化却无法简单看出。人事费用分为固定人事费和可变人事费。雇员的分内工作是固定的，因此成本不变，人手增加的话固定成本也会随之攀升。一旦工作量增加，员工就需要加班，可变人事费用也就会相应地增加，这是间接的成本。增聘人员导致的成本增加一目了然，但间接的成本增加则如同雾里看花。

设计好的服务	账面上的费用类别
爽朗的笑容	人事费用
整洁的环境	清扫费或业务委托费
制作商品介绍手册	广告宣传费 / 印刷费
应季小礼物	促销费
重要位置的聚光灯	装置用品 / 电费

表2-1　服务与成本的比较

有时餐厅为了招揽顾客会发放传单，预告下个月的活动及即将推出的新服务。在顾客眼中这也是一种服务，其成本属于广告宣传费的一部分。随着这部分成本的增加，利润的压力也会增加。如果不能收回成本，或营业额没有增加的可能，发放传单的服务也就只是徒劳而已。

诸如此类的新服务计划多发生在服务现场，很多都未经过慎重、缜密的计算。如果不考虑成本想当然地以为能够获利，便随意改变服务内容，最终只能适得其反。

降低服务质量的情况也一样，这种情况有时是源于设计的纰漏，但多数情况旨在节约经费。员工数如果减少，人事费也会立即减少，但员工可能需要加班，或者服务质量下降。改变服务内容并不难，难的是在改变之前对成本进行严格的计算。

第3章 评价服务

因为只有让顾客露出笑脸、让顾客满意，待客服务才有意义。所以需要有人把握顾客的反应并将这些反馈变作对服务的评价。评价服务质量的方式与其他行业的评价方式相同，需要管理者或组织针对待客服务进行评估。顾客反馈是对服务质量最直接的评价，管理者或组织不仅要着眼于顾客的反应，还要从多角度审视服务人员的工作是否在按照原定计划执行。

　　评价的结果与下一阶段的服务——完善服务质量、激发个人潜力——相挂钩。为了易于评价，我们需要把服务数字化。

1—以服务目标为评价基准

（1）服务目标反映了商家的经营态度

行动离不开目标，制订目标对服务来说也同等重要。服务的目标包括内容、时间、成本等。对服务的评价本质上是在考察目标的完成度。

对服务做出第一评价的必然是顾客，然而顾客的评价也千差万别。体育竞技中较为直接的评判办法是用速度、长度、高度等绝对数值来表示，但裁定花样滑冰、体操等项目中的动作与形态时就需要想办法排除有失公允的评价。

即使顾客对服务质量做出了有失公允的评价，商家也必须注意。目标的完成度是评判服务质量的标准，但即使目标尚未达成，只要顾客的满意度高、只要能够提示我们在思考制订计划时可能存在的漏洞，就是好的服务。企业或商店必须明确服务的内容、制订经营活动的目标，这个目标能反映出商家的经营态度。

我们通过服务评价可以知道服务的完成度，还能通过服务目标的完成度评判员工的工作。因此，制订目标时应清晰明确，评价服务时应简洁明了。

服务的目标是评价的基准。

（2）组织目标的确立方法

一个组织的目标是整个公司的规范，需要进行抽象的概括。不仅营业部门需要服务目标，管理部门作为企业内部支撑营业部门的服务部门也需要目标。所以我们要首先制订一个企业内部共同的目标。

假设酒店或旅馆定下目标，顾客满意度调查中要获得80%的好评率。为了提高顾客满意度，酒店或旅馆不仅要自行发放调查问卷，还要委托旅行社和杂志社等展开各种问卷调查并公布结果。

企业制定了大目标后，各级组织便可逐级向下制订相应的目标，各部门的目标都是企业大目标的具体诠释。但企业的目标制订得越大就越会像喊口号。

提升 5% 的销售额，这种目标简单明了。但如果目标定为"做深受顾客喜爱的公司"则会让服务一线的员工不知所措。即使目标是获得 80% 的顾客满意度，如果服务人员不清楚自己的业务中何种行为会直接提升顾客的好感度，目标定了也是徒劳。我们必须先了解现阶段的服务评价。不经过这一步会浪费大量的时间与精力。

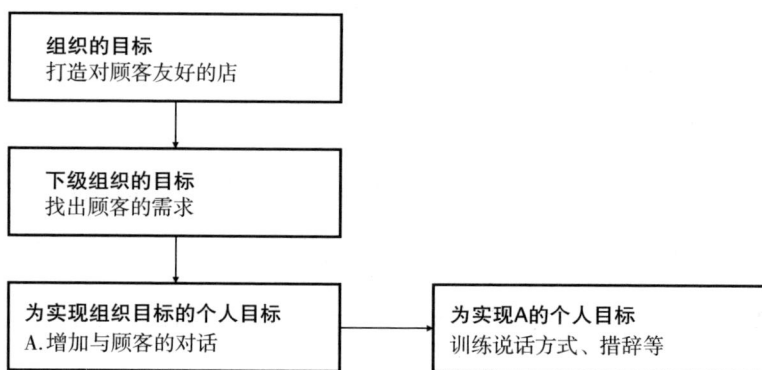

```
┌─────────────────────────────┐
│ 组织的目标                   │
│ 打造对顾客友好的店           │
└─────────────────────────────┘
              │
              ▼
┌─────────────────────────────┐
│ 下级组织的目标               │
│ 找出顾客的需求               │
└─────────────────────────────┘
              │
              ▼
┌─────────────────────────────┐        ┌─────────────────────────────┐
│ 为实现组织目标的个人目标     │───────▶│ 为实现A的个人目标           │
│ A.增加与顾客的对话           │        │ 训练说话方式、措辞等         │
└─────────────────────────────┘        └─────────────────────────────┘
```

图3-1　组织与个人的关系范例

根据问卷调查制订目标，相对而言各项目会更加详细、具体。做问卷调查会收到顾客的反馈意见，诸如对顾客问候要到位、要多展现笑容等。各部门在收到顾客反馈后便可制订相应的目标，如主动向顾客打招呼等。

实际上许多服务目标都过于笼统，制订者根本没下功夫把目标细化分类。以"顾客问卷调查中获得80%的好评率"的目标为例，把目标数字化确实清晰明了，但还需进一步具体深化服务内容。如果是酒店则至少要给住宿部门、饮料部门、管理部门制订相应的目标。

（3）个人目标的确立方法

个人的服务目标应该简单明了，但如果为每位员工都制订相应的服务目标也并非易事，评价个人的服务目标更是难上加难。一般上司会协助员工制订服务计划，再由员工本人确认目标是否切实可行。最终，上司会测定员工的服务目标是否符合组织的目标、是否契合自己的分内工作、是否有助于员工个人的成长。

员工即使心怀组织的目标，但为了自身的成长、进步、超越，也会有自己的打算。上司的工作便是将员工个人的目标融入到组织的目标中。这项工作烦琐、耗时，上司在现场进行直接指导的时间也有限，不得不一切从"简"。此处的"简"并非指难度低，而是使人心领神会的简明扼要。

我们再来看一下之前列举的例子，假设酒店定下目标，顾客满意度调查中要获得80%的好评率，并且该酒店还保留着曾经的调查问卷。员工根据这些问卷制订自己的个人目标。

首先，员工要阅读调查问卷并找到对应自己工作的部分。如"在入口迎接顾客"一项现在获得了 70% 的满意度。员工回忆起一直以来迎接的方式：站在候客区向顾客问好。但为了提高顾客满意度就必须展现出更多的诚意，于是员工定下目标："走近顾客，欢迎致意"。

此目标不仅简单明了，还契合组织的目标，也能方便上司快速做出评价。另一方面，"走近顾客"的行为要求员工时刻关注入口，这样能提升员工的专注力。基于以上判断，此项个人目标得到了上司的认可。

个人目标确定以后，接下来的行动无法完全用语言表述，员工必须自己思考如何时刻关注入口。现在站的位置是否合适？"走近顾客"时距离顾客多远才不会失礼？如何离开岗位走向顾客？上司也必须反复思索："这个目标虽好，但一名员工这么做会打破整体服务水平的平衡，索性让这个岗位的所有员工都一起施行。"简单明了的个人目标中依然包含着许多值得反复思考的方面。所以个人目标崇"简"。

（4）评价人的方法

我们一起把目光转向个人目标。首先评价个人目标的主体是与员工一起制订服务目标的上司。上司不仅近距离地审视员工为实现目标所做出的努力，还给他们提醒、建议，记录他们的成长。

服务目标制定后也无法立刻实现。员工实际进入服务岗位的最初阶段会忠实于设计好的目标，但逐渐的疏忽大意会使服务也慢慢地偏离正轨。作为服务评价方的上司不应执着于判定谁是谁非，而要努力让员工的工作回到正轨。

评价服务实质上是评价上司的工作是否到位，而这正是上司兼评价人必须担负的重要职责。因为服务很难转化为数值，所以对服务进行评价自然是高难度的工作。为了保证评价的客观性，我们还要做好记录，因为评价方也有情绪波动，不同时间面对同一对象也会做出不同的评价。做好记录，及时对比，上司就不仅能看到员工的成长幅度，还能逐渐掌握评价的方法。

```
┌─────────────────┐
│      上   司     │
└─────────────────┘
          │
   ┌──────┴──────┐
┌──────────┐  ┌──────────┐
│   上  司  │  │   上  司  │
└──────────┘  └──────────┘
   └──────┬──────┘
          ▼
┌─────────────────┐
│      个   人     │
└─────────────────┘
          ▲
          │
┌─────────────────┐
│     自我评价     │
└─────────────────┘
```

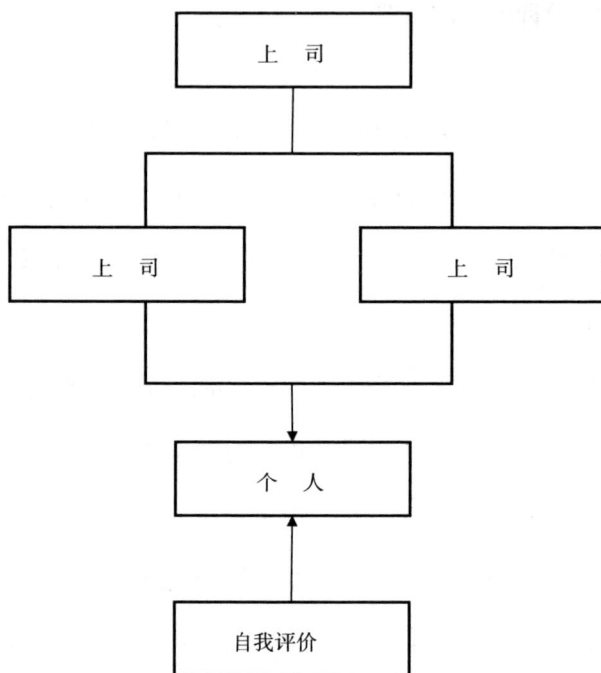

个人之上有两位上司，一位主管业务，一位主管评价。
评价时要避免被一个人的主观左右。

图3-2 评价的结构

　　评价方发现被评价方的问题时应立即指出。如果只等员工自己察觉问题之所在，那么实现目标永远是天方夜谭。评价的目的不仅是为了一个结果，评价的行动和过程也非常重要。评价方与被评价方齐心协力才能做好个人目标的评价工作。

　　另一方面，我们该如何评价一个组织提出的目标呢？将目标数字化就能一目了然，即使目标没有被数字化，组织目标的达成与否也会在业绩上有所反映，我们最初制订目标时就以业绩作为一项重要指标，所以只要看业绩就能进行评价。但即使有了业绩指标，上司还是要对服务进行评价。

如与数位管理者共同监管员工的工作一样，企业在目标设定阶段也会选出评价委员会等中立方，他们对全体员工进行监督、记录、撰写报告并提出改进建议。

组织提出的目标易抽象化，需要结合具体实例，否则对服务的评价也容易模糊不清。因此，我们在制订服务目标时，应对评价工作的难度做到心中有数。

2—制订服务目标是为了实现服务目标

（1）服务目标反映了服务动机

服务难做，而服务业的范围正在持续扩大，连制造业也引入了"服务"一词、产生了服务业务项。汽车维修保养厂如今也被称为服务厂。

此外，制造商格外重视的业务之一——顾客投诉与建议业务实质上也是一种服务，由礼宾服务公司负责。礼宾服务本是酒店大厅专门负责接待来客的职业，被誉为服务业的最高峰。

企业使用"礼宾服务"这个名称，无非是想向顾客宣传自己完善的服务。礼宾服务的工作内容范围很广，时间上朝九晚六、一周无休，甚至从清晨持续到深夜，有时一天24小时、一年365天，只要顾客有需要就得随时提供服务。数名员工轮流排班，工作辛苦，工作内容也往往一成不变。所以从事这项服务的人必须有战胜艰难困苦的强大动机。

实现目标后我们就能品味到成就感和自我价值，制订这样的服务目标并不容易。服务旨在让顾客满意，但实际上我们并不知道顾客是否真正满意，只能通过顾客的一个神态、一句话间接感知。

假设我们要制订让顾客满意的高品质服务，但即使实现了这个高难度目标，我们也只能间接地感知顾客的满意度。在不超出既定成本、保持与其他服务项目平衡的前提下，我们可以追求高品质服务，但如果仅仅如此服务就容易流于表面。要成就真正的服务，我们必须努力让顾客满意，感知到顾客满意时自己也很满足。不论何种工作，我们在劳动的同时还要通过这份工作获得成长和进步。

正因为服务难做，我们才需要化他人的喜悦为自己的喜悦，而这正是我们的服务动机。服务是实现自我价值的最佳手段，但我们难以把握自己的努力能给顾客带去多大程度的满足感，所以实现高水平服务后的喜悦，容易使我们陷入自我陶醉的怪圈。

（2）你的服务目标与日常经营挂钩吗？

制订目标时最难的不是找到目标而是如何实现目标，虽然制订目标时必须思考实现目标的方法，但目标易与"理想"混同。理想是一种对未来的希望，而目标则必须有明确的对象，如果把两者混同，最终也无法得出结论。

您肯定有过这样的经历吧，在您提出销售目标后，总被批评目标定得太低，并被要求增加销售预期。通常被批评的一方不会认真考虑，只是按照上级指示提升销售额或盈利目标。再次提交后如果获得上级批准，目标才能被确定。

服务目标也是一样。假设员工计划每月新增 20 名顾客，这个目标数值清晰明了。如果以 20 为目标，员工必须明确目标顾客的类型以及增加顾客的方法。

最初员工斗志满满地制定了目标，但不知不觉地每天为业务忙得焦头烂额，目标也早已被抛在脑后。这是因为员工没有像下面叙述的那样具体地考虑如何在工作中朝着目标努力，或考虑得不够充分。目标制定了就必须完成，实现不了或不做努力等于是徒劳。

目标：每月增加 20 名顾客

条件：目标顾客指回头客或一次消费金额超过一万日元的

顾客

　　方法：·准备会员卡

　　　　　·询问顾客的消费感受

　　　　　·请顾客进行注册时在会员卡上写清住址、姓名

　　　　　·告知顾客注册是为了寄送购物指南

　　　　　·再告知会员优惠

　　　　　·每天向三人以上进行宣传，即目标获得率的三成

　　目标和每天的工作内容并不冲突，目标可以在每天的工作中得以实现。

（3）改变目标时的要点

　　有时我们需要更改制定好的目标。目标定得过高则无法实现，原本的业务也会大受影响，这时管理者需要及早应对并重新审视工作方法。有时虽然我们已经发现了问题所在，但可供修正的时间却很紧迫。

　　现实中经常出现这种情况，对目标经过了充分讨论却仍然不够具体。如"不对顾客说no"，这是个为了让顾客满意的高难度目标。但服务也需要成本，在我们试图努力提高服务的性价比时会产生矛盾。

实际上，正因为员工不敢对顾客说"no"，才导致连续发生服务超出职务范围、超出工作时间等情况。

我们不妨将目标改为"考虑如何才能不对顾客说 no"。这并不意味着要立即说"yes"，而是指如果自己一人力不从心，可以请他人帮助或准备替代方案。最初制定的目标综合了各种考虑，所以我们必须尊重原目标。改变目标，意味着精神上依旧尊重最初制定的目标，但做出改变后目标更容易实现。

商务不同于学校，付出了努力却无法实现目标等于白费工夫。

（4）领导担负着实现服务目标的责任

不论是组织目标还是个人目标，地位越高的人肩上的担子越重。虽然员工也有相应的责任，但领导要指导员工如何实现个人目标、要对员工的工作提出建议，责任自然重大。笔者也再三强调过服务目标难以数字化，所以必须有人在一旁实时监测员工目标完成的水平并反馈给员工个人。

- 制订正确的目标
- 思考实现目标的具体方法
- 经常审视当下状况与目标的距离

· 当目标难以实现时，要对方法进行反思和修正

以上便是领导的工作。

个人目标包含两部分意思：个人是达成组织目标的一员，个人能力需要得到提升。对一个组织的领导而言，个人目标能否实现会在一定时期内的业绩上有所反映，也决定了领导对员工工作的评价。但实现个人目标还意味着要培养人才，领导不能仅着眼于短时期内的业绩，必须有中长期眼光。如此看来，领导对个人目标也同样负有责任。

上司评价员工目标的实现程度时，如果发现目标无法完成，必须首先反思问题之所在，究竟是目标不切实际，还是指导不得力？即使目标得以实现，上司也要再分析成功有何决定性因素？一切都是因为员工们的不懈努力吗？自己的指导得力吗？这次有何成功经验可供今后借鉴？可以说领导的工作永远没有尽头。

3——将评价转换为数值

（1）如何将主观判定转换为数值

服务是商品，但服务的质和量无法用绝对的尺度测量。即使设计好的服务内容通过员工培训后按照计划得以实现，但服务评价依旧是基于接受方的主观判断。

实物商品可以用原材料、制造工程、性能等表现商品价值，针对消费者的疑问我们也可以明确地做出答复，还可以通过销售行情了解商品评价。

服务则不然，我们只能想办法在排除个人的主观判断后看待顾客的评价。

为此我们要收集顾客的心声。首先，通过直接或间接的方法获取顾客反馈从而把握整体情况，以便将服务评价数字化。

虽然顾客的意见是主观的评判，但我们通过收集针对同一事项的顾客反馈，便可以找出顾客评价的集中点，也就可以将主观评价数字化。

这个过程有个条件：为了排除有失公允的评价，我们要尽可能多地倾听顾客的心声。此处的"排除"是为了方便数字化而非无视，因为多数好评中偶尔出现的差评是难得的指导性意见。了解何种顾客在何种情况给出了差评将有助于完善现有服务。因此，当我们有目的地收集顾客反馈时，还需记录顾客的身份、评价时的场面。

调查时多用问卷，而问卷中常标注"请您填入"一栏。采用这种方法收集的问卷有参考价值，但不足以将评价数字化。因为这种调查方法为了将顾客的评价转化为数值必须对具体问题具体说明，而顾客一旦面对冗长的问卷便无心作答。

此外，只要顾客对服务有一处不满，这种不满便会波及整个服务，纵然其他服务评价都拿到了满分，整体评价也会有下降的趋势。获得服务的整体评价只是理想的情况，只要顾客对一项服务不满意，对服务的整体印象就会变差。

因此，为将顾客评价数字化而收集反馈时，我们不仅需要顾客填写问卷，与顾客交流、直接询问对方意见也很关键。为此我们最好事先准备好几个符合调查目的的问题。例如，如果我们想了解顾客如何评价重新装修后的客房，可以按照如下步骤准备。

· 确定想要了解的方面（家具、内部装潢、氛围等）

· 定各方面的比重（家具：1，内部装潢：2，氛围：2）

· 拟定问题（问题项也要定比重）

以家具为例（家具外观：1，颜色：1，使用时的舒适度：3，与客房氛围的匹配度：2）

· 向顾客提问（观察顾客的同时揣摩顾客的满意度）

· 将回答转换成数值

· 对全部回答加权平均后进行数字化

最后请谨记，向顾客提问时不要当着顾客的面记录。

我们下功夫为顾客提供了服务，应当知道顾客是如何评价我们的劳动成果的。这个过程自然也需要我们的辛劳付出。

（2）养成用数字说话的习惯

服务旨在让所有顾客满意，但这终究只是理想状态。因为每位顾客都有不同的感性认知，同一位顾客对服务的感受也会因当日的心情和精神状态而发生变化。

某位顾客平日里喜欢和员工聊天，恰逢有想法或心事时也会反感被人搭话。所以我们不必追求"让所有顾客微笑",而要努力"让大多数顾客满意"。

"大多数"指几个人?答案是——从顾客总数中减去例外数。

假设我们将"积极招呼顾客"作为目标,结果员工反映有顾客不大喜欢被搭话。再追问有多少人如此,员工回答:"有不少。"

这种说法很常见,因为员工本人也不知道具体的数字,这种回答没有参考价值。想知道大多数顾客是否满意,就必须清楚地掌握例外的数目。

也有人执着于满足所有顾客而非大多数人,这样容易将注意力集中在例外上。但我们真能满足所有顾客吗?

有的顾客去餐厅总喜欢坐在同一个座位上,但即使顾客事先预约,我们也无法给顾客承诺。通常我们不会为满足特定的顾客而一直保留座位。当然,也有的餐厅根据自己的经营方针以此为卖点。

经营中一旦追求百分百,成本也将呈等比例的上升。所以我们必须以大多数人为目标,并要分清"大多数"和"例外"的数量。如餐厅推出特色料理后,我们要这样把握顾客的反馈:"全部卖出 15 份,13 人认为好吃,1 人说普通,1 人觉得难吃。"

我们平日里就要像这样用数字说话，禁用"不少""很多""不多"等说法。

（3）从多角度来评价服务

拥有多角度，才能对服务做出公平、公正的评价。笔者之前一直强调服务受被服务方的主观所左右，评价也同样混杂着评价方的主观判断，因此需要从多角度进行评价。

有两个方法可以帮助我们拥有多角度。其一，选择多位评价方。比如，有家企业宣传"微笑问候"，并决定对用灿烂微笑面对顾客的员工进行月度表彰。评价一个人的微笑看似简单，但评价方不可能一直待在所有员工的身边，不公正的评价在所难免。于是，这家企业给一定职位以上的人发放了"最美微笑"卡，当遇见笑容甜美的员工时，评价人员可以当场给员工颁发"最美微笑"卡。一个月后，得到卡片最多的员工将获得表彰。卡片上还写有发卡人的名字，评价人也可以和其他评价人员进行比较。

通过这个方法，公正评判将不再受时间和空间的限制。与人事评价不同，如果要立即获得、采用评价结果，评价人则必须身在服务现场。

其二，明确并拥有多个评价点。如"微笑问候"，只模糊地说"因为笑容美所以打了好评"，就夹杂了评价人的主观判断。应像下述的那样确定评价方和被评价方的评价点。

· 微笑

· 向所有顾客问好

· 问候时看着顾客的眼睛

· 与顾客照面时立定、向顾客问好

如果附加"发自内心的微笑""不假笑"等，就又会混入个人主观因素。

4—弄清楚顾客的心声

（1）是赞赏，还是抱怨？

得到顾客好评时的兴奋会给我们带来鼓舞，更会给我们带来工作的成就感。因为我们能立竿见影地看见自己辛苦工作的成果，所以这也是从事待客服务的最大优点。制造业则不同，制作者与消费者的接触不多，调查顾客满意度、听取顾客的心声等工作皆由制造商完成。

虽然负责日常待客的服务业可以立即收到顾客反馈，但不易想到要将顾客的心声妥善整理，进行分析后再运用到新的服务或商品开发中。

应对顾客投诉是我们的本职工作，所以我们会迅速采取行动、措施。顾客投诉会具体指出服务的不足之处、对商品或店面的不满，由此我们可以采取相应的对策。但获得顾客赞誉时我们往往不认为这是服务反馈而疏于管理。如在餐厅用餐的顾客常说"好吃"，但很少具体说明哪道菜怎么好吃。这种类似客套话的评价和用餐结束后的"多谢款待"没有差别。不针对具体对象的评价仅相当于"非常棒""很开心""感觉不错"。

此外，接受赞扬的员工也会沾沾自喜，不会想顾客具体为"何事"赞赏"谁"。虽然接受夸奖后不便再深入追究，但如果不弄清楚这些具体细节，难得的赞美也会丧失生命力，无法在今后被借鉴。再者，这些赞美之词是出自顾客的真心实意吗？也有可能是出于礼貌或讽刺吧。

我们喜欢被人赞扬，所以不愿怀疑赞扬的真实性，但如果不知道这份赞扬发生的背景，便无法了解其真实含义。因为一句"不错"而喜不自胜，便浪费了难得的褒赏。

（2）从交谈中能读出什么？

从与顾客的交流中，我们能够获取各种有用的信息。假设谈话间顾客说："我上次来，人很多啊。"如果员工将这句话理解为生意兴隆并回答道："多亏您的关照，谢谢。"那么对话就画上了句号。

顾客的真心何在？

·上次太挤了，服务不周到

·上菜花了很长时间

·结账时排队了

·人多嘈杂

以上可能是顾客的真实想法。

并非每位顾客都会直言自己的不满。也许还会有顾客突然动怒，但大多数顾客都会顾忌他人，所以大多数顾客总会在不经意的言语中吐露心声。

顾客知道自己的话是个人的主观评判，所以不愿意将自己的意志强加于人。

服务更是如此。服务方和被服务方的地位原本是对等的，因为双方只是等价交换自己所需之物。但服务的范围模糊不清，顾客总希望享受更大范围的服务，而服务人员要坚守既定的服务范围，于是两者之间就产生了鸿沟。顾客的抱怨大多就是那道鸿沟，他们会通过赞扬和建议等间接方式指出，这些话在本质上等同于不满。

（3）从少数派意见中学习

顾客的反馈是重要的信息，必须对褒贬进行区分并加以整理。"整理"指将内容分类，按不同项目整理并进行数字化，这样就能看清服务的整体状况。

假设对店面环境不整洁的投诉增多，或对服务人员的赞扬越来越少，这时我们只要和过去进行对比便能找出问题所在，然后——进行具体的应对。

问题是，我们难以采纳少数派的意见，但正是这一两句少数派的声音，我们需在它们发出时就加以重视。很多人反映的是相同的问题，如有人抱怨店面装潢陈旧，实际上经营者早已注意到这个问题且最为烦恼。然而，少数派意见往往是针对服务人员的疏忽之处。

我们来看个例子。在下雪天较多的地区有一家老字号的食品店，服务员都会将顾客购买的物品装进纸袋里再递给顾客。如果是送礼，店员会将食品装进瓶子里，这时物品会很重。这家店口碑特别好，顾客都夸赞其食品味道，但仅有一条意见如下："贵店的食品一直很好吃，但下雪天东西沉，我担心纸袋湿了会破。"

这家店的反应也值得称道。店家没有答复"食物本身就沉没办法""如果有这种担心请自备购物袋"而对顾客的抱怨置之不理，商店领导在收到反馈后立即亲身体验，在综合考虑了该地气候之后认为顾客的意见确实中肯，便迅速花三倍的成本制作了加厚纸袋。

此举大受消费者的好评，新推出的纸袋结实、牢固可反复利用，顾客外出时还能装点随身小物，没想到该举措变成了一个很好的广告宣传。现在这家店发展成了日本全国知名的企业，正因为领导没有放过任何一个信息并加以借鉴、改进，才制作出了让顾客感到贴心的纸袋。

我们不能否认，多数情况下少数顾客的声音会极端地反映出个人的主观判断。但因为它包含着平日里我们听不到的意见，所以要格外重视。

（4）主动出击，收集反馈

不论来自顾客的反馈是多数还是少数，是赞扬还是投诉，我们都要重视。然而，顾客当中有多少人会愿意吐露自己的心声呢？得到的反馈中又有多少是我们真正想要了解的内容呢？

当我们想征询顾客的建议时，当餐厅想要制订新菜单时，当酒店想要重新装修客房、重新设计员工制服时，我们会十分在意顾客的感受，但往往找不到人来提建议，也不能等顾客主动来提意见。这时我们就要主动收集反馈。

因为服务业要随时与顾客接触，大家容易认为服务人员能够随时掌握顾客心声，但多数情况下员工难以收集重要反馈。服务方认为顾客能注意到客房的翻修和菜单的更新，但大多数顾客根本没有察觉，往往是被提醒后才意识到"你这么说的话还真是……"所以员工不能等待顾客主动提出意见。

但服务人员也不能只顾问，必须先思考自己想知道的内容并设计好如何具体发问。如"我们将客房改装一新。因为以前的设计感觉有些阴暗，所以我们提亮了房间色调，为了营造安心放松的氛围我们还使用了大量木材。为此我们想听听您的感想"。接下来，我们要选定提问对象。此问题的受访者当然应该是住进经重新装修的客房的来客，员工可以等候在该层的电梯前，向来客说明目的后再进行询问。问题需事先准备好，别问太多"您之前住过这间房间吗？如果住过，和之前相比有何感想？"等浪费时间的问题。此外，欲掌握信息的不是员工个人而是酒店，因此询问工作不能交给员工而应由责任人亲自来做，这样也能将翻修目的和设计理念更准确地传达给顾客。

最后再重申一遍，调查会占用顾客的宝贵时间，而责任人最想了解顾客的反馈，所以调查工作必须由相关责任人亲自出面。

5—应对顾客投诉

（1）还原事实真相

顾客的投诉一般是基于主观判断的意见，即使我们的一切
程序都准确无误，也必须严肃对待投诉。应对顾客投诉不是谢
罪，如果不理解"应对"和"谢罪"的区别，可能会引发更严
重的冲突。

当顾客提出投诉时，我们应该第一时间与对方面对面地倾
听投诉内容。倾听为的是完全了解投诉内容进而查明原因，所
以我们不应唯唯诺诺地点头，而要在记录的过程中还原事实真
相。顾客看到我们的认真态度后，也会沉着冷静地吐露实情的。

此时我们绝不能寻找推脱的借口。因为我们无法避免对事
实进行的误判，所以不能就事情的表象进行辩解，也不能轻易

地赔礼道歉，因为道歉就意味着承认我方的过失。

员工看到顾客发怒时往往会赔礼道歉，并认为这是顾客的要求。然而，原因不明时员工无需谢罪，应由负责人出面调停。特别是顾客投诉服务人员时，负责人应首先要求给顾客带来不悦的服务人员尽快离场。顾客发出赞赏时相关服务人员应在场，顾客提出投诉时必须由负责人出面。

如果想尽快息事宁人而当场做出承诺反而会引起更大的问题。处理投诉的目的当然是为了消除顾客的不悦，同时要查明事实真相防止再发生类似的事件。此外，服务过程中员工很难直面投诉，为了防止重蹈覆辙我们必须忍耐。如果查清服务人员没有过失，负责人就必须向顾客澄清。所以追查原因这一环节非常重要。

服务方和被服务方是对等的，所以要查明事实真相，将自己正确的所作所为告知对方。这才是真正的服务。

（2）查明原因

即使顾客的投诉是基于主观判断，如果服务人员给顾客带去了不悦，不彻底查明真相就解决不了问题。"解决"是指弄清楚投诉的内容和原因，防止此类事件重演。这也是我们为何要花时间、花力气调查真相的原因。还原真相很难，多数场合我们都是"一叶障目，不见泰山"，被表象蒙蔽双眼而看不到真相，而且真相往往不止一个。

举个例子，曾经有顾客反映要点菜时服务员迟迟不来。员工的解释是：

· 客满

· 人手不够

· 于是服务员接单速度慢

乍听上去似乎服务员人手不够是问题的症结所在。客满自然是好事，餐厅也以客满为标准雇用员工并进行排班。

处理投诉时，应向顾客询问事实："您等了多长时间？"如果实际等候时间在最初设计服务的允许范围内，即客满且餐厅最大限度地雇用员工的前提下点单必须要等候一段时间，那么餐厅需向顾客道歉。

但真相不会如此简单，为何当时会人手不足呢？

· 绝对员工人数不够

· 预测不当，排班方法不对

· 为一桌下单时花费时间过长

我们还能想到其他原因：

· 菜单做得不好，解说菜单花时间

·菜单上有选项，顾客做选择时花时间

·员工业务水平低下

再追根溯源，我们还能找到以下原因：

·对员工的培训时间不足

·培训方法不当

原因层出不穷，所以我们要追根溯源。应对顾客投诉不能停留在表象，如果不挖掘深层原因，问题将永远无法解决。

（3）将投诉反馈至服务工作指南

顾客投诉多源于人为失误，处理时如果仅归咎于个人的过失无助于问题的解决。指出个人失误不是难事，但我们还要进一步找出过失发生的原因，是员工培训不到位吗？是服务指南中没有写清楚规则吗？

员工在阅读指南、接受培训时并未意识到顾客的存在，也未意识到顾客的丰富感情，只是想当然地认为顾客会按照我们的设想行动。因此，我们要把提供服务时会如何处理对方感情的投诉也写进教材。一开始就提醒员工这样的棘手情况或许会遭到本人的抵触，但学习如何处理顾客投诉是为了避免再发生类似的投诉。通过接触不同个性的顾客，相信员工能从个性的极端表达——投诉行为中获得不少宝贵经验。

假设，有顾客反映某饮食店的员工不知所云，店家记录了原因并进行了分析。

<原因>说明方法没有逻辑顺序

<分析>日语是否正确？"て、に、を、は"等的使用是否恰当？

<原因>员工的说明中出现了顾客没听过的词汇

<分析>是否使用了行话或流行语

<原因>发音吐字不清

<分析>即使按照服务指南说话，也没有正确发音

<原因>声音小

<分析>因为顾虑周围所以声音太小

通过这些事例，员工能学到更具实践性的内容，也能借机重新审视服务指南。

当一个组织做大、做强时，就会需要有负责员工培训的部门，与服务现场的距离在感觉上也会越来越远。教科书或指南上只教我们区分可为和不可为，OJT也不允许我们当着顾客的面教导员工处理投诉的方法。所以投诉最宜用作培训员工的素材。

（4）顾客投诉是改进服务的宝库

查明投诉的原因不但能解决问题，还能转祸为福，因此我们要从记录中找出投诉的集中点。

如某市中心的酒店为方便清早出发的顾客，酒店内的咖啡店 6 点就开门营业，以便顾客在享用早餐后能赶上第一班 7 点发往机场的专车。然而营业时间定得太早，酒店内基本没有其他顾客，就连坐机场专车的顾客也有可能把早餐叫至客房内。人们不禁怀疑，咖啡店 6 点开门真的有意义吗？酒店在考虑服务的性价比之后推迟了半小时开门。

讽刺的是，有顾客对为何咖啡店 6 点不开门表示不满。虽然如果 6 点开门使用者寥寥无几，但顾客坚持希望获得随时能够享用早餐的安心感。为了应对顾客投诉，重新恢复 6 点开门不是难事，但为了追求服务的性价比酒店能变更开门时间吗？

于是酒店推出了一项新举措，在咖啡店的入口免费提供咖啡、红茶、早餐面包，不赶早出门的住客也可以自由享用。这项简单的服务内容不需动用咖啡店的服务人员。早餐面包当然要提前烤好，把咖啡装进咖啡机内便可自动操作，这几项工作值夜班的大堂员工就能做好。这样不需要增加作为服务成本的人事费，只需一些原料费和水电费。比起入座点餐，这项服务让住客能在短时间内吃完早餐。顾客做好出发准备、前台结算之后便能悠闲地度过早餐时光，因此这项服务得到了有需要的顾客的肯定。

最近许多酒店都推出了这项服务，虽然最初遭到了不少反对，但此举基本满足了解决顾客不满和坚持经济成效两个目的，所以获得了成功。

这个案例中，选择提供咖啡和面包并非为了省事，菜单的确定是基于赶早出发的顾客的早餐内容的数据来考虑的。从顾客的怨声中这家酒店开拓出了一项新服务。

接下来也是酒店餐厅的案例。有一位经常光顾法国餐厅的顾客很久没有光顾过酒店餐厅了，过了很长时间这位顾客再来用餐时说："我很喜欢这家餐厅，但年龄大了胃口变小了，这里的饭菜卡路里太高了。"此时如果服务员想当然地回答"本店还有半份菜品"，就会扼杀后续的故事。

这家餐厅采取了不同的回应。服务员把这位顾客的意见报告给了领导，同时餐厅担心还有其他顾客也抱有相同的意见，于是对相同年龄段的就餐者的比例进行了调查。

餐厅决定针对上年纪的顾客推出半份菜品，因为这样快捷、省事。

但领导下令开发 350 卡路里以内的全份菜，最终烹饪人员和服务人员齐心努力实现了这个目标。这个里程碑式的新菜式成为了餐厅的招牌，提升了餐厅整体的口碑。而新商品的产生，正是建立在顾客的投诉之上。

这两个案例都说明，我们不要把顾客的投诉仅归咎于自身问题，而要思考公司能为顾客做些什么。换一个角度，顾客的投诉就会发展为新服务和新商品。

6—考量成本绩效

（1）从顾客评价来看顾客满意度

不论是购物用餐还是住店，顾客都希望在付出金钱后得到最大程度的满足，这是顾客眼中的性价比。购物和用餐本身就是考虑性价比之后的行动。

即使对一项行动经过了充分的考量，一旦实施过程中出现一丝损失便会失望，一旦获益便会觉得划算。是亏、是挣，每个人的标准不同，同一个人也会有浮动的空间，同样的行为未必会带来相同的满足感和性价比。而能左右顾客感知是亏是挣的正是服务。

像物品、料理、客房等实物，本身的品质就会影响顾客的满意度，但顾客一定是在购买前已经检查过实物的品质、考虑过性价比。因为购物行为是自己的决定，即使性价比有些差强人意，顾客也能释怀。

然而服务没有实物商品那样的形态，无法预先了解详情，只能通过想象。即使只是丝毫的差异，只要享受到的服务不符合自己的预期，负面印象就会持续增加。虽然正面印象也是同样道理，但结果和预想相比差距并不明显。我们都容易以自己的标准衡量事物。

假设，我们要去酒店住一晚。在酒店里的 24 小时内我们能见到几位服务员呢？从门口的迎宾员开始，前台工作人员、客房引路人员、餐厅经理、餐厅员工、健身房教练、酒店内商店的店员等，加起来可能也只有 50 多人吧。

如果所有员工都能热情致意、微笑相迎，我们的满意度也会提升。我们对 50 人中的 49 人满意，却在退房时出现了小插曲：迎面而来的员工只顾着自己的工作而未意识到我们的存在就匆匆擦肩而过了。此时情况又将如何？这时我们只会给最后 1 人减分吗？只因为最后 1 位员工带来的糟糕印象，之前 49 人累积下来的满意度和性价比也将跌落至零。不论之前住的客房多么豪华，不论之前品尝的菜式多么美味，最后的经历会决定一切。这就是服务，这也是顾客眼中的性价比。

（2）从商家评价来看成本是否兼顾了收益与顾客满意度

服务做得好，商店或企业却未必能经营得好。提供优质服务是商业过程而非目的，是计算好的成本。通过服务提升营业额、产生效益，这才是商业的目的。企业有诸多目的，创造就业、纳税、贡献社会……这些都是为了让企业产生效益。

"顾客满意度"是经营者的用语，顾客则会具体将其表现为："美味！""太舒适了！"所以以经营者的立场衡量服务的性价比时，必须确认顾客满意度是否能和经营目的、产生效益等挂钩。在预定的成本范围内按计划为顾客提供服务并产生效益，这才是服务与利润应有的关系。

我们一起来看看服务所需的成本。提到成本，我们首先会想到人事费。但人事费并不是服务所需成本的全部，处理顾客投诉的成本、管理顾客信息的成本、可能归入会计账面上的促销费／广告宣传费等，实际上皆为服务成本。同时，服务部门之外处理投诉的总务部门的人事费也应视为服务所需的成本。您必须意识到服务所需成本的范围很广。

所以，计算出服务所需成本，我们就能大致推断出经营者规划公司整体服务性价比的方法。增加管理顾客信息的成本是否带动了销售额的上涨？处理投诉的成本是否在增加？这些都是经营活动的重要指标。经营者不能仅依据看得见的服务内容推测顾客满意度，因为如果着眼于具体事项会容易混入经营者个人的主观判断，所以要通过数字看收益与服务成本。

第 4 章 管理顾客信息

我们掌握了服务对象——顾客信息后，就会明白如何才能提供让顾客满意的服务。如今管理顾客信息这项工作已经很普遍，但有多少最终取得了实效呢？管理顾客信息的方法很简单，在主文件里存入顾客的固定信息、在子文件里存入顾客的变动信息，然后按需提取。顾客信息管理如此简单，却为何无法顺利实现呢？

　　以前出现过CRM（Customer Relationship Management，客户关系管理）的设想，但并未正式命名。如今我们实践的正是CRM。

1—信息只有被使用才能体现其价值

（1）管理顾客信息的目的

"为何要进行顾客信息管理？"当被问到这个问题时，恐怕我们难以作答吧。我们可以不假思索地列出为何要追求顾客满意度、提升销售额等的答案，但它们是真正的目的吗？如果答案确实如此，那么您能具体说明管理顾客信息将如何提升销售额吗？实际上，管理顾客信息的目的并不那么简单。

拥有顾客信息管理系统，就一定能提升顾客满意度和销售额吗？明确目标为的是努力实现目标、判定目标的完成度。建立顾客信息管理系统之后，我们还必须制订明确的目标。

接待顾客的服务人员负责管理顾客信息及确认最终效果，所以他们必须找到可以自我确认的目标，如被顾客赞扬的次数、增加的顾顾客数等是最简单的目标。这些目标的最终结果都是为了让顾客满意，进而提升销售额和利润。

最初决定导入顾客信息管理系统的是经营者而非实际负责接待顾客的服务人员。虽然经营者有自己的考量，但像前述的那样，目标的完成度无法立竿见影地呈现在管理者或经营者面前。

即便如此，我们已经形成了共识：顾客信息管理是今后服务中不可或缺的重要组成。虽然顾客信息管理的真正目的在于提升销售额或利润，我们也需将目标的完成度转换为一个个通俗易懂的小目标。接下来，我们还要思考如何通过完成每一个小目标而最终完成顾客信息管理的大目标。

顾客信息管理是企业经营的重要组成，负责人在导入管理系统时必须时刻掌握目标及完成情况。因为此项系统的有无对日常工作不会产生决定性影响。所以要想充分利用顾客信息管理系统，我们必须设定明确的目标。

（2）为管理顾客信息所需的成本

接下来，我们要制订顾客信息管理系统的结构与步骤。本章开始时我们讨论过，管理顾客信息的方法非常简单。但不论是否导入信息管理系统，都需要花费成本。

一般情况下，即使管理信息要花费成本，但只要成本未超出预期范围，且带来相应的成效即可。

我们需费多大成本来构建顾客信息管理系统呢？首先，我们要雇人收集顾客信息，然后还需要花时间进一步甄别。接着，我们要保存收集到的信息。如果有信息管理系统则只需录入，否则要进行人工分类整理。此外，还需要为信息管理系统或存放文件设置空间。

提到顾客信息的管理，我们首先会想到邮寄广告。商家把内容写好，以明信片或信封的形式印刷上顾客的地址和姓名，付完邮费即可。邮寄广告的性价比如何？寄送后的回复率是多少？假设商家按季度一年寄送四次，每次的成本为每人300日元，给1000人寄送要花30万日元，一年就要花120万日元。邮寄广告的成本属于促销费，我们先不讨论会不会因商业类型不同而产生差异，假设促销费占销售额的10%，那么这些成本将对应1200万日元的销售额。

取得超过1200万日元的销售额才能获益，但商家邮寄广告时真如此细致地考虑过吗？刚才我们只单纯地计算了直接成本，实际上人事费、系统费、空间使用费等会是人事费的几倍。我在上一节反复强调了要先明确管理信息的目标，因为它会花费大量成本。商家需设专人时刻管控服务的性价比。

（3）谁是顾客？

收集信息是管理顾客信息的第一步，但我们首先要明确谁是顾客。管理顾客信息的目标不同，商家对"顾客"的定义也不同。接下来我们以酒店为例。

酒店的顾客首先是住宿的房客。其次是为房客预约住宿的人。再次是房费支付者，外国商人的费用多由日本企业承担。所以我们眼中直接享受服务的顾客，实际上既不选订酒店也不预约、不付费。

如果要宣传自己完善的服务、提升酒店的口碑，则要重视第一类顾客。如果要提升销售额，则要重视第二类顾客，更要重视直接付费的第三类顾客。目的不同，目标顾客也不同。

在开始管理顾客信息前，制订目标的同时还要明确顾客范围。我们可以对所有顾客进行集中式管理，但根据不同的信息利用方式，要对顾客的信息进行分类。

（4）盲目追求数量的陷阱

一旦开始管理顾客信息，必然会掉入盲目追求顾客数量和大量收集顾客信息的陷阱。因为在策划服务的阶段没有讨论过使用信息的方法，所以负责人会误将这两点理解为管理顾客信息的目标，最终盲目追求收集大量信息，却疏忽了信息的使用。

经营者和管理者决定了信息管理的目的及顾客的范围，而实际负责使用顾客信息的员工很少参加讨论。信息的使用不能纸上谈兵。当然我们不能否认，大量收集信息确实有助于数据的宏观分析和使用，进而掌握主要市场分布、使用者的平均年龄等。客观分析顾客信息可以帮助我们跳出单个数据信息，进

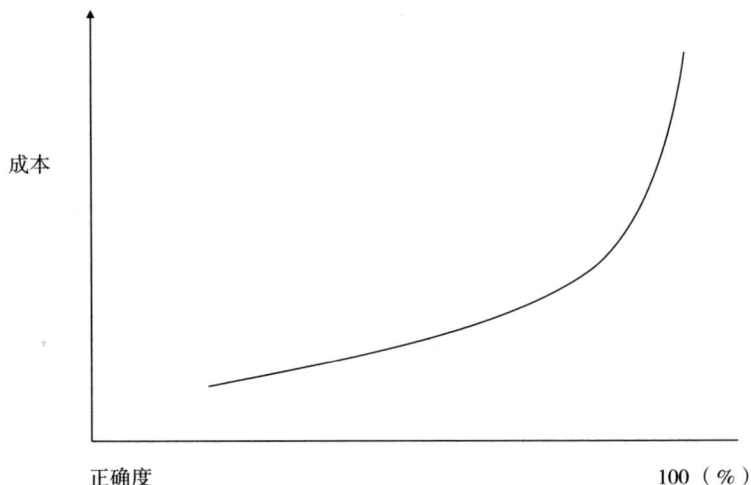

图4-1　信息的正确度与必要成本之间的关系

116

而能够把握整体的顾客情况。顾客数越多，越能增加数据的正确性，所以增加顾客数量也并非坏事。

但有一个疑问，您掌握的信息有多少能被运用到实际工作中呢？

顾客的地域分布和平均年龄等有助于制订商品计划和广告战略，但不是我们管理顾客信息的全部目标。

这些都不是与顾客密切相关的服务信息。只有实际负责接待顾客的服务人员发挥才干，信息才能得到充分利用，没有实际参与接待工作的人很难想出信息的使用方法。

酒店或宾馆会很清楚常客惯用的房间，当常客抵达时，服务人员会说："已经为您准备好了原来的房间。"但如果那间房间已经安排了别人该如何应对呢？这时服务人员会说："不巧原来的那间房间已有人入住，我们为您安排了相同类型的房间。"正因为掌握了顾客信息，才能做出这样的应对。

笔者去研讨会担任讲师时，常被询问有关顾客信息管理系统的问题。被询问频率最高的问题是："拥有多少顾客才算多？"其次是"应掌握何种类型的信息？"却没有一个人问："如何使用信息？"

产生这种现象的原因在于，来研讨会学习的基本都是管理部门或企划部门的人。如此建成的顾客信息管理系统或许是优质的数据库，但却轻视了按需提取信息并投入服务的方法。这种系统不仅使用不便，也无法用于学习和培训。因为收集信息的最终目的是为了使用信息，信息在使用中才能体现出价值。

（5）顾客的最佳管理数量

顾客多意味着销路好，但我们能否如此武断地下结论？我们讨论过成本会随着管理顾客信息的增加而增加，除此之外，随着顾客数量的增加商品利用率会下降。经常光顾的顾客是老顾客，我们虽能管理他们的信息但很难增加他们的数量。如果要增加老顾客的数量，就必须降低商品的使用频率标准。

随着顾客数量的增加，成本会递增，同时信息的维护也愈发困难，而老顾客比一般顾客对服务的要求更高，这又将产生新的成本。此外，暂停一项服务会被视为服务品质的下降，很多案例中，经营者对服务中出现的问题心知肚明，但出于各种考虑最后仍然无法停止该服务。

销售物品时，顾客增加则需求增加，商家只需相应地增加采购即可。但酒店、餐厅等地的商业往来受空间所限，即使顾客盈门也不能超负荷经营。所以商家要商讨经营活动所需的顾客数，调查顾客的利用率，计算出最适宜的顾客数量。这当然也是服务性价比的问题。

假设一家酒店有 200 间客房，设备利用率为 75%，即 150 间能投入使用。如果可用房间的顾客使用率为 20%，那么有 30 间客房住满了人。

为了便于分析，我们以一个月 30 天来计算一年的必需顾客数。要满足每天住满 30 间客房，30 间 × 30 天 × 12 个月 = 10800 人。如果一位顾客一年住店 4 次，10800 人 ÷4=2700 人。如果顾客一年住店的次数从 4 次变成 3 次，酒店要维持 20% 的顾客利用率，就必须有 10800 人 ÷3=3600 位顾客。

客房规模	200间	200间
设备利用率	75%	75%
顾客比率	20%(30间)	20%(30间)
平均利用次数	一年4次	一年3次
最宜顾客数量	2700人	3600人

表4-1　最宜顾客数量的计算方法

如上所示，我们根据经营方针确定应维持的顾客数量，这就是拥有的最宜顾客数量。为了确保这个数字，我们可以在管理顾客信息时暂且剔除使用次数逐渐减少的顾客，增加更有使用可能性的顾客。

然而，不能因为从管理系统中剔除了一位顾客就不承认其是我们的顾客。如果这位顾客再次光临时，我们按照接待顾客的一贯方式应对其即可。维持最适宜的顾客数量能够提升服务的性价比。

2—反馈顾客信息

（1）服务人员随时能使用的顾客信息

收集信息为的是使用信息，信息在使用中才能体现出价值。邮寄广告并非收集顾客信息的唯一目的，它操作简单，只需了解顾客的地址和姓名，所以是表现商家正在进行顾客信息管理的最简单方法。而且邮寄广告的内容是有形的实物，相关负责人也会有满足感和成就感。

但是我们下大力气开展的顾客信息管理应该发挥更大的作用。请您回想一下制订这个管理系统时曾经讨论过的问题："我们为何进行顾客信息管理？"想必随着时间的流逝，我们已经忘记了最初的答案或者我们无法维持最初讨论的结果，最后只剩下邮寄广告服务。

有很多因素会导致信息失效,烦琐是第一个理由。烦琐的原因在于系统难以提取所需信息,员工也会认为系统的有无对工作的进展没有影响。

接待顾客时我们不能让对方久等。但很多服务信息不像从"on"到"off"一般简单,它被写成了字句的形式,员工必须花时间阅读。服务信息主要用于服务现场,负责人清楚即可,无需以所有人为对象写成工整的字句。书写形式也可以是单纯的记号罗列,但一定要做到一目了然。

如果有顾客总要求坐固定的座位,比起烦琐地写下几号窗口、几号桌,图示法也可以。如果有顾客讲究特定的啤酒品牌,记录商标的一个首字母就可以了,如 B=S(札幌啤酒)。

我们还要思考如何从"看"信息变成"看见"信息。"看"是主动、故意的行为。而"看见"是被动的行为。如今一切工作都离不开电脑,我们不得不主动去找所需的画面。实际上,我们可以想办法将顾客信息放入同一个画面内,或打印出来贴在大家都能看到的地方。信息的使用不限对象和时间,有助于我们在服务中灵活运用顾客信息。

（2）是否应该直呼顾客姓名？

服务中使用顾客信息的各种方法都不是坐在办公桌前凭空想象出来的，大多源自一线员工的智慧。他们在使用信息的同时也在收集信息，他们最清楚何种信息能为己所用。

假设，某酒店进行了一次关于如何使用顾客信息的跨部门学习会，老手、新手齐聚一堂畅谈经验。客房负责人说："某某顾客的支气管不好，住宿时必须在房间内安放加湿器，这个信息对其他部门有用吗？"餐饮部门接受了这个意见，提议道："这位顾客光临时我们问问他的喉咙情况吧，好让对方感受到我们的关心。"

还有人提议："这个信息只能用于为某某顾客准备加湿器，禁止其他部门的人使用。这是个人隐私，顾客肯定不希望个人隐私被泄露。如果其他部门的人掌握了这个信息，顾客一定会认为我们没有管理好顾客信息。"虽然对于讨论的结果，餐厅员工闭口不谈，但引座时贴心地将这位顾客带至远离空调吹风口的位置。

以下也是酒店的例子。深夜有外国顾客来到前台，说："刚才家里来了电话，说小孩进医院了，真让人放心不下啊。"这位顾客是希望找人倾诉。负责人在第二天的早会上汇报了这件事情，于是前台人员在这位顾客出发时表达了慰问之情。而且酒店还把这个信息记录到了顾客的个人信息中。数月后当这位顾客再次光临时，前台人员的第一句话便是："您的孩子康复了吗？"这就是灵活运用顾客信息的绝佳例子。

　　一般来说，服务人员可以直呼顾客姓名，但也要分时间和场合。某美国度假酒店，一位日本顾客希望酒店提供"morning call"服务，接线员准点打电话叫醒顾客。虽然酒店有自动闹铃装置，但因为这里是度假区，服务要讲究人性化。第二天清晨接线员理所当然地用英语给这位日本顾客打电话："某某顾客，该起床了。需要把咖啡送至您房间吗？"被电话叫醒的顾客可能不精通英语，拿起话筒不明就里，只听见电话那头在喊自己的名字，于是匆忙换好衣服赶至前台。

　　这不是个笑话。有人喊自己的名字，可能是有重要的事情发生，所以那位日本顾客才会慌忙赶去前台。通过这个例子我们可以看到，酒店没有利用好获得的顾客信息，产生了负面效果。

（3）可变信息与不变信息

　　顾客的信息分为两类："可变信息"与"不变信息"，一般又称作"固定信息"与"变动信息"。请注意，姓名、地址、生日等属于固定信息，实绩、服务信息等属于变动信息。

固定信息多与属性相关，除地址、姓名等，还包括公司名、职务名、结婚纪念日、配偶姓名等。其中永远不变的只有生日，而住址、公司名称、职位发生变化后顾客也无义务告知店家。只要顾客不主动相告，我们就无从了解顾客信息的变化。我们眼中的固定信息也会不知不觉间成为变动信息。举个典型例子，邮寄广告因查无收件人而退回，我们这才明白顾客已经搬迁。

录入过的信息也可能发生变化，所以我们必须记录获取信息的时间点。职位等信息变动性大，虽然在服务中我们很少称呼对方的职位，但对已晋升的顾客称呼其旧官衔会非常失礼。如果发现对方职位的记录时间距今已久，那么使用起来会很危险，我们直呼其名即可。无法做到随机应变时，我们也可以舍去频繁变动的信息。

3—使用信息需看场合

（1）信息的使用方式因顾客情况而异

顾客信息一般由固定信息与个人附加信息组成，前者又指个人属性相关信息。属性信息比较固定，如姓名、地址、性别、生日等，住址虽是固定信息但也可能发生变化，需提起注意。个人附加信息指个人嗜好、服务时的注意点等，多为可变信息。

这些信息不需一次全部使用，当然也不排除这种可能性，但实际接待顾客时仅需一两点。所以我们要分清信息的使用场合。

美国的一家航空公司曾在使用顾客信息时造成过混乱。负责人在乘客登机前将某商务舱乘客的信息交至空乘人员并指示其在飞行中多加利用。于是在不到一个小时的飞行中，空乘人

126

员数次询问该乘客的需求。这么做的原因，一是空乘人员担心这种特殊关照会引起其他乘客的不满或疑心，二是负责多项业务的空乘无法在一项业务上集中过多时间。

空乘根据顾客信息卡上的信息，不断地询问乘客"您夫人的生日就快到了吧""您女儿今年就要毕业了呢"等。最初该乘客对航空公司的贴心感到很欣喜，但被询问过几次后便产生了厌烦的情绪。而且只要乘客选择该航空公司，相同情况会不断发生，于是不满情绪也与日俱增。

遇到这种情况时，空乘人员应看准时机每次说一件事即可，而如果是长时间的飞行，可以分几次聊不同的话题。

此外，这家航空公司还有一个问题。因为尽量活用多种信息是公司的方针，所以空乘人员会以此为己任努力和乘客攀谈，这样便会忽视乘客的需求，本来乘客想要读书或进食，却每每被搭话。

这就是反面效果。空乘人员无需强行与乘客攀谈，只要表现出"我们知道您是重要客户"即可，叫出对方姓名、道一声问候就足够了。综上所述，我们必须根据顾客情况选择使用信息的方法，绝不能随心所欲地滥用信息。

（2）简洁高效的信息使用方法

信息量越大，使用难度也越大。通过刚才的例子我们也能明白，如何在有限的时间内向顾客进行宣传是一个值得深思的课题。

这是笔者初次去一家天妇罗店时的经历：吃完套餐后我看见当天的推荐菜品是"大眼牛尾鱼"，于是我加点了这道菜。当时店内人多拥挤，足以见得该店生意兴隆。几天后我中午再去，店内顾客比上次还多，忙着煎炸食物的店主都没时间抬起头来。笔者快吃完套餐时，忙得不可开交的店主走过来问了一句："要大眼牛尾鱼吗？"

笔者无法相信居然有这么简洁、高明的服务。店主虽忙，但用余光看见了回头客，便充分利用了上次顾客来店里用餐时的信息。这是该店之所以生意如此兴隆的秘密。

简简单单的一句话，却包含着"即使我们很忙，我们也认出您是老顾客，并了解您的口味。谢谢您今天再次光临"的意思。这样一家小店应该未对顾客信息做分类管理，但店主已在脑海中出色地完成了此项工作，并知道该如何充分利用有限的信息资源。

再举个酒店的例子。通常，顾客抵达酒店后会去前台办理入住手续。如今 IT 技术应用广泛，大部分酒店在收到预约时便能确定顾客身份、判定对方是否是老顾客，而服务台的工作人员也能据此采用不同的接待方式。前台服务人员为顾客办好入住手续后，接下来的工作便交给引路员了。引路员不仅会帮顾客将行李运至客房，还会一路介绍酒店内设施、活动及附近的观光信息。当然，面对初次住店的顾客和常客，引路员的解说也会不同。

引路员是如何确定顾客身份的呢？酒店的前台员工给了引路员简单却不易被顾客察觉的暗示。餐厅也一样，即使员工不清楚顾客的详细信息，但只要明白被引导的这位顾客是老顾客即可。

在其他部门也一样，只要有一位员工认出这是老顾客，就可以给其他员工暗示。如果引路员带一位老顾客去房间时还问"您是第一次来这里吗"，顾客的那种失望之情可想而知。其实下一点简单的功夫，便可避免此类窘况的发生。

第5章　开拓新服务

匿名信息中其实会有许多颇具参考价值的内容。顾客多会匿名提出负面评价、投诉等，提出方式有当场直接反映、事后致电反映、通过调查问卷反映等。

　　与顾客信息一样，这些重要的意见不仅能帮助我们提高服务水平，还有助于我们开拓新服务。评价有褒有贬，所以更显珍贵。

1—获取顾客潜在需求

（1）原封不动地保留顾客反馈

对顾客反馈的理解因人而异。当顾客口头提出建议时，我们要记录当时的状况。反馈内容固然重要，但要读取顾客的真实想法，必须了解反馈的前因后果。

顾客的意见必须要记录在案，但接待顾客时、业务繁忙时只能事后补录。我们本想单纯地记录顾客反馈，但脑海中会不自觉地掺杂自己的解释，或者对意见进行加工让它对自己有利无害。这时，如果能回想起事发前的状况，便能增加顾客反馈的准确性。

顾客的一个意见未必只包含一个内容，可能同时指出服务的好坏或菜品的滋味等数个问题，或对服务的评价有褒有贬。

这时，判断顾客的倾向性就非常重要。为了便于事后参考，我们要记住顾客当时的语气和表情，让顾客反馈原封不动地呈现在大家面前。

收集大量反馈后便可开展整理工作，负责人按照自己的价值观进行分类归纳或写出摘要。

物以稀为贵，实际上在分类过程中被归为"其他"的少数派意见需要我们重点关注。如关于营业时间，"早点开门就好了"或"如果能再晚一点打烊就好了"等的顾客意见中，可能有"即使反映了也不会有任何改变"的隐含需求，或附近出现了和该店营业时间相同的竞争店。所以收到的反馈应原封不动地让相关负责人传阅。

我们鼓励员工对反馈持有不同的理解，因为这种差异性正是解读顾客心声的关键。例如，顾客赞扬某店服务员的笑容温暖，有人认为这不值得一提，有人会反思"连笑容都被赞扬，莫非因为多数人总是冷着一张脸？"这种差异的存在极为重要。

（2）如何鉴别抱怨、赞扬建议

顾客反馈中通常交织着数个要点。顾客提意见时不会主动区分不满或建议，但接受方必须看清顾客的意图。如果收到一条顾客反馈："平常很难预定成功，这次很快就成功了，非常开心。"

1. 平常很难预定成功——抱怨

2. 这次能成功非常开心——感谢

3. 希望服务提供方多下功夫——提议

这是条包含多个目的的复杂建议。

顾客可能并未计划一次提三点建议。所以当顾客投诉时，我们要细心判断顾客的不满是针对此次的个别事件，还是对比过去做出的结论。

顾客投诉"服务员总不来接单"时，虽然我们不知道"总"代表了多长时间，但顾客的抱怨说明确有其事。而当顾客说"明明平时会很快来接单的，今天却慢得很"，这明显是与过去的对比。所以员工要分辨究竟是这次服务速度太慢，还是过去的速度过快，否则无从判断。这种情况下员工可将顾客的反馈理解为建议而非不满，即顾客指出了服务时间有待加快。

服务原本是相对且主观的，同一位顾客对相同水平的服务可赞可否。如餐厅的上菜时间，即使是按照一贯的节奏上菜，顾客在不赶时间的前提下服务员动作慢一点可能会让人感到舒心；如果顾客赶时间，服务员还慢悠悠，肯定会遭到顾客的批评。

　　我们在分析顾客反馈时，要区分赞扬和不满，并衡量全体评价的标准。分类虽然不容易，但我们要读出顾客想传达的真实想法。赞扬和不满就相当于一张纸的正反面。想通了这点，我们才能有效地利用顾客反馈。

2—将受到好评的服务做到极致

（1）深挖受到好评的服务要点

读出顾客的真实想法确实不易，但如果是明显的赞扬，我们就怀着感恩的心去接受吧。被表扬后，我们要正确理解好评的内容。让顾客感到满意的形式多种多样，我们需分辨让顾客满意的对象是店面、商品，还是服务。如果店面或商品得到了顾客的肯定，对我们来说不仅是激励，还是前进的参考。

服务受到好评后我们可以深入挖掘受到好评的服务的要点。如果顾客肯定我们既定范围内的服务内容，表明现有的服务方针和方法较为完善，继续贯彻执行即可。但我们要排除某一天、某一时刻、某一位员工偶尔提供的有别于水准的服务。

假设某餐厅内在办一场生日聚会。服务人员或经理肯定会说"祝您生日快乐",顾客结账时会计人员也说"祝您生日快乐。欢迎您下次光临",无疑会让正在办理结算手续的顾客感到"这家餐厅的全体员工都在为我们提供服务呢"。

会计人员往往能凭借丰富的经验和判断力猜出聚会的主题,顾客听到祝福的话也会被打动。虽然之前该餐厅的服务员送祝福只是个人自发性的行为,但餐厅新规定了一项服务内容:了解聚餐的主题后会计人员在结算时也必须送上祝福。像这样,商家可以不拘泥于好评发生的特殊场合,要通过分析顾客反馈的前后过程重新阐释获得好评的服务要点,最终将其上升为全组织的服务内容。

但我们必须注意,受到好评的服务内容有可能超出服务的预期范围。例如,服务人员与某一特定顾客长时间交谈的话,该顾客会感谢服务人员带来的愉悦时光,但这样是否会导致规定时间内接待顾客数量的减少呢?这项服务是否有实施的条件?该服务有招揽回头客的可能性,但如果它以偶尔的空闲时间为前提,那么该服务只是限时服务,最终也无法得到推广。

(2)从个人向组织水平展开

我们反复强调过,服务中不能出现漏洞,只有始终如一的服务才能让顾客满意。所以将好评上升为一项新的服务时也必须保证万无一失。如果顾客赞赏服务人员的某项服务举措，我们要将其由个人推及整体、由个人服务提升为组织的服务。

最有效的方法是将信息公开化，但公开的信息不能仅是一条"服务受到好评"，首先要明确服务的经过。顾客是单纯地赞赏了服务人员的一言一行，但顾客给出好评多有前因后果，不清楚前提状况的言行，即使重复也未必能打动顾客。我们需要公开的内容有：状况、员工实际的言行举止、顾客的反应、顾客表示满意的方法、顾客的说话内容等。

有很多方法能够实现共享信息，其中最值得推荐的是所有员工一起开会，让被表扬的员工谈论经验。听当事人的口述有助于我们把握实际情况，同时还能提出疑问。

员工获得机会宣传自己的光荣事迹，在欣喜的同时可能会有几分羞怯，所以听过员工报告的上司进行代述更有效果，但务必请当事人出席做补充。接下来，组织要对当事人进行褒奖，并宣布在现有的服务中增加好评服务项。

有时商家会将受到好评的服务要点写入业务日记中，或印刷出来贴在公告牌上，但这种做法的效果不大。最大的原因在于"氛围"，大家并未体会到做好服务受到表彰的那种喜悦，自己不会想跃跃欲试。其次，"看"这个能动行为需要自己下功夫，即使上司命令大家要好好观摩，如果只是走马观花也难以掌握其中的奥妙。

此外，信息共享不应局限在责任部门。某些信息也能帮助其他部门，适合在全公司公开，如平时无法接触顾客的制造部门和管理部门格外需要了解服务一线的信息。

（3）成本意识能够防止过度服务

将好评服务吸纳为新的服务内容有个条件：不能超过既定的服务范围。

语言服务的增加不会导致成本增加，但不能只为一位顾客超时服务。商家在各方条件允许的前提下，可以选择最典型的服务——送赠品，甚至可以研究何时何地送赠品能够最大限度地利用成本。

此外，餐厅推出新菜品时不能只顾着宣传，只要符合既定范围，可以在顾客犹豫不决时提供拼盘服务。为此我们做一笔计算：两道菜的成本率和原料成本相同，只有烹饪成本不同，做一人份和半人份的人工费基本不变或有略微差异，最终拼盘服务会增加成本。然而，我们不能为此否定这项服务。

商家需要时刻提醒自己："这项服务超出了预期范围。"餐厅的拼盘服务有助于培养常客、促使顾客再次光临，也有助于市场测试和提升服务人员自身的业务水平。但一旦推行该项服务，将有脱离掌控的危险。

责任人在服务的设计阶段基于严密的成本计算确定了服务范围，但日常工作则依赖于服务人员自身的判断。服务人员希望看到顾客的微笑，商家也这样培训员工。服务有既定范围，允许员工在此范围内听凭自己的判断，但每个人的判断基准不同，这时员工就需要有成本意识。

（4）记录每项服务产生的理由

应在何时使用服务指南呢？商业活动起步时，商家会用它培训员工，日常经营步入正轨后，员工在工作中遇到问题时会翻阅它寻找答案。

随着工作内容的不断变化，有时书本上的答案是解决不了实际问题的，有时我们在实践中可以找出更有效的方法。

刚入职时，员工会特别依赖指南，熟悉工作后便可脱离指南独当一面，等到下一轮新人培训时指南才有用武之地。很多时候工作指南并不能完全解决员工实际工作中的疑惑。所以当我们想将好评服务纳入现有服务项目时，一定要对指南进行更新。

更新时要写上新增服务的理由。初版指南反映了服务的设计思想，需要员工深入地领会。为了确认新增服务与最初设想的整合性，我们必须记录理由。

3—重新审视被终止的服务

（1）终止服务的理由

如果设计好的服务不切实际，我们完全可以按照手续进行更改，但服务为何会凭空消失呢？终止设计好的服务项目会降低服务质量，有时是因为商家改变了经营方针而必须终止，但很多时候一项服务未等到我们察觉便早已消失。

有家店，下雨天时会在入口处放一张小桌子，上面叠放着干毛巾，供被雨淋的顾客擦拭用，店员手头没有工作时会亲自将毛巾递给顾客、与顾客交谈。这对顾客、对店家来说都是好的服务。

贴心的服务带来了好口碑、拉动了顾客的增长。但有一天，大家猛然发现这项服务消失了。临时雇员的频繁更换及其他部门人员的往来流动虽不会影响服务项目是继续还是终止，只因为这项颇受赞誉的服务与销售没有直接挂钩，便悄无声息地消失了。

某天这家店的经营者听见顾客说"没有提供毛巾的服务了，真是遗憾"，这才大吃一惊。服务反映了商家的经营态度，无论顾客是否消费了，光顾的都是重要顾客，服务自然都不能怠慢。于是经营者立即找来负责人追问原因，负责人无言以对，找不出特别的理由。

但经营者已经猜出了事情的大概：某日商店扩大了商品展示空间而不得不占用放下雨天提供毛巾桌子的位置，因为负责人认为商品更重要，所以下雨天时商品依旧占着地方。闲置在仓库里的毛巾和桌子被此后接连搬进的商品遮挡，即使下雨天时有员工想摆出桌子放上毛巾，因仓库里堆满了商品根本找不到毛巾和桌子，于是只能放弃。

我们要实时检查服务指南，确认是否有服务项目被终止，由此我们或许能发掘出新的服务内容。

（2）盘点服务内容

开始一项新的工作时，我们会基于经营理念制订服务体系，编写服务指南对员工进行培训教育，一切准备工作就绪后才是实际的服务工作。工作中常有预料之外的事情，但只要我们花时间和成本，所有困难总会迎刃而解。此阶段员工要学习每项服务产生的原因及各项服务之间的关联，还要熟读指南。

工作一旦起步，员工就要走上服务一线。制订服务的负责人会密切关注营业额和利润，随之对服务的重视程度会大幅下降，只要没有顾客投诉就认为工作进展得很顺利。

我们之前讨论过修改服务内容需要经过一定的程序，因为自己的工作内容也将随之变化，所以当事人会格外用心。那么，终止一项服务呢？终止一项服务会损害部分人的利益，但只要利益被损害的人没有意见，大家的工作便一如既往，而且服务现场会更加轻松。另一方面，如果商家发觉服务质量下降了，可以对照指南做出调整。然而，那些消失的服务项目却会一直被人遗忘。

顾客对服务项目的消失与否最为敏感。开业时各种服务让人目不暇接，但逐渐变得屈指可数。有时商家会按营业方针贴出"开业纪念、限定销售"等广告，但那些仅凭一腔热情的服务很难被贯彻下去。如果一项服务的终止经过了正式流程，那么这种做法符合营业方针，并会得到企业或店家的承认，对顾客可能有的反应也进行了预估。

开业后的兴隆随着时间的流逝逐渐变得萧条是经营活动的一个模式，但我们不能忽视服务质量的下降。

开业之初的服务中会出现许多不尽人意之处，一段时间后有的服务质量会日趋完善，有的服务却不见了踪影。不要等到顾客说出"刚开始明明很好"才后知后觉，我们要预先对服务进行盘点。

4—体验其他业种、其他公司的服务

（1）学习优质的服务

服务是一种商品，而它的制作人应如何了解服务呢？最简单的方法就是亲身体验服务。服务人员下班后走出店门，便立即成为了服务体验者，甚至还能在公司内部的食堂或小卖部进行体验。

各处的服务质量不尽相同，员工可以判断性价比的优劣，即自己付出的金钱与回报是否平衡，还能与自己的服务工作进行对比。员工自身无法掌握顾客的想法和满意度，但通过亲身体验能做出几分推测。亲身体验服务，有助于员工了解顾客的满意度是取决于服务的性价比而非服务的质量。

去同行业的其他公司体验服务能与自己的工作进行简单的

对比，由此会有新的发现和有助于改进的素材。我们还能向不同行业的其他公司学习。如今有各种各样被称作服务产业的公司，连几乎不会有机会与顾客直接接触的制造业也拓展了许多服务渠道，如产品的陈列室等，在这里不仅可以销售产品，制造商还会与潜在客户交流以了解消费者需求，交流的内容即为服务。

通过亲身体验，员工能辨别服务质量的优劣。劣质服务通常会一目了然，而优质服务必须在亲身体验后才能有所感触。

假设在餐厅里，如果顾客正忙于聊天而无暇顾及其他，服务人员特意为其另安排上菜时间。在他人眼中服务员的上菜速度太慢，但对服务对象来说则十分贴心。

（2）被人认为"优质"的理由

"以人为镜反省自己"是工作起步时的常用方法，许多企业也将其纳为研修和培训教育等的一部分。然而"宽以律己，严以待人"是人的通病，同一件事情我们在工作中浑然不觉，却往往对其他公司很挑剔。我们想通过这种对比反省自己，但往往事与愿违，因为我们站在了享受服务的顾客的立场。

我们要学会把这些经验充分运用到自己的工作中。比如购物后在等待结算时看见柜台上杂乱堆放着很多备忘录、夹子、发票，我们肯定不会对这家店有好印象。这时您会不会想："自己虽然不负责会计工作但也有柜台，顾客对一切都会看在眼里，必须格外注意。"

员工进行研修去其他公司体验服务时，负责人最好给他们拟定命题任务：对比自己公司找出对方的优点。结果，缺点易找优点难寻，这就是所谓的"宽以律己，严以待人"。

有一位音乐家曾说，听音乐会时如果觉得演奏者水平欠佳，实际上自己和对方是五十步笑百步；如果觉得对方的演奏和自己旗鼓相当，实际上是对方更胜一筹；如果觉得对方演奏得出色，那么对方的技术已经出神入化了。服务业亦同理，如果以为对方的服务和自己难分伯仲，实际上对方的能力略胜一筹，因为我们总以自己为中心，无法客观地看待问题。所以员工必须学会换位思考。

发现对方工作中的优点时，我们要思考对方的高明之处，还要分析对方的服务好在何处。

例如，服务员记得我们是老顾客，说道："上次您品尝过了某某菜，这次要不要换着试试这些？"这样就会让人感到贴心。服务好在哪儿？因为服务员记得我们点过的餐吗？确实如此，但其实更缘于自己被视为老顾客的那份优越感吧。服务人员有多种方式优待老顾客，菜单推荐是其中一种。

（3）"期待"与"实际"的落差

体验服务并不难，如果对方的服务中有优点值得借鉴，我们一定要在脑海中做整理。购物也好用餐也罢，确定目的地和所需物品后我们可用语言将要求具体化。

比如去餐厅用餐，我们需要的是菜品本身，具体来说包括味道、外形、香气、口感等。对服务员则需要他们的服务，如方便下单的菜单说明、上菜时间等。而对于用餐氛围，如店面装潢、室内装修等，我们通常没有特殊要求。

购物时我们多会关注中意的商品，对服务的要求较为宽松。然而，购物行为包含着我们走进商店时服务人员的问候、商品的说明、包装方法、结算等。

即使我们对服务没有要求，如果走进商店时店员对自己视若无睹、心仪的商品缺货、结算过程浪费了时间，那么我们仍然会给这家店打差评。虽说心里有万分不满，但如果买到了心仪的商品，这份购物的快感也能抵消购物过程中的失望。

但就餐时就不可能出现上述情况。顾客在用餐后只会记住过程，既包含美味的食物还包含结算时的久等，两者无法抵消。

如果用餐过程不愉快，该餐厅在顾客心中的印象就会直线下降。

我们要理性地思考影响服务满意度的因素，而不能被自己是否有要求的感性所左右。常言道，最好的服务就是超出预期。但顾客享受服务时真的会和预期进行比较吗？整体服务的评价并非单项服务评价的累积，各项服务皆独立存在，只要有一项让顾客扫兴，整体服务的评价就会跌至负数。先想清楚自己对服务的要求，然后带着目的去体验服务，我们就能分辨服务的好坏。

（4）站在顾客的角度分析服务

顾客反馈是基于主观好恶的非绝对性评价，我们在服务工作中也会混入自己的主观情绪。工作中我们很难察觉主观因素的影响，而体验服务能助我们一臂之力。光体验还不够，我们还要试着分析当下所处的状况和心情。

状况分物理状况和精神状况。如，我们讨厌"被迫等待"，但未必讨厌"等待"。购物或用餐时，在心理承受范围之内越等待越有期待。而"等待"与"被迫等待"的临界点不是物理上的特定时间。

如果顾客有约在身，稍微一会儿便会感到"被迫等待"；如果顾客与朋友忙于聊天，可能许久才有"被迫等待"的感觉。

有时我们在等待时虽未产生不快，但可能因为其他事情的介入而感到"被迫等待"。本想和友人享受美食，两人的时间都很充裕，但如果在自己之后来的顾客的桌先上了菜，"等待"会瞬间变成"被迫等待"。

每个人感觉等待的时间随性格和好恶而异，体验服务时我们也能学习这方面的经验。

第6章

『优质服务』与『优质经营』的协调

耗费人力的高水平服务未必是上乘的服务，顾客对服务的评判标准在于性价比。然而顾客眼中的高性价比服务不一定能给经营者带来收益，这就出现了矛盾。对于经营者而言，如果服务偏离了最初的设计、耗费了过多的人力和时间，不仅会打破各项服务的平衡，成本也会相应增加。

　　接下来，我们一起思考一下让顾客和经营者实现双赢的服务。

1—顾客满意，员工满足

（1）分享让顾客满意的"喜悦"

词典中对"服务"一词的解释，首先是"招待来客"，接着是"不计酬劳地效力"（《日语大词典》讲谈社）。我想，这便是服务产业名称的由来吧。招待他人要让对方"开心""喜悦"，压抑自己的情绪，揣测对方的想法。许多服务产业不分节假日地营业，非常辛苦。

在服务产业工作的人要经常接触顾客，还要喜欢与人接触，但实际上该行业的从业人员未必人人都善于社交，而且大多数人甚至都觉得"痛苦"吧。希望经营者和管理者能将这一点牢记在心。

为了让员工的服务工作进展顺利，经营者或管理者除进行员工培训、制订服务指南外，首先要正确把握从业人员的具体工作内容与顾客之间的关系。接到顾客投诉时，经营者或管理者要亲耳、亲眼确认员工所经历的心酸。

其次，要让员工了解服务的喜悦。艰辛不是服务的全部，还有顾客满意时服务人员会体验到的成就感。经营者或管理者要努力让所有员工共享这份喜悦。

此外，商家要褒奖工作出色的员工。批评容易、表扬难，表彰到何种程度为宜？何时赞扬为宜？是一对一地夸奖还是当众肯定？

许多企业引进了表彰制度，结果，或流于形式、或囿于陈规，提高员工士气的效果让人不禁大打问号。

要想做好表彰工作，领导必须亲自企划以显示自己的关心程度。经营者还必须牢记服务工作的不易。

（2）细节打动人

刚才我们说过，服务的定义中包含"招待来客"和"不计酬劳地效力"两个要素。商业界中的服务是等价的商品，作为主要工作内容的交际决定了服务中必然有情绪的介入。这时，顾客希望服务人员心怀"体贴"。"体贴"指为对方考虑、先人后己。

我们心中有彷徨、迷惑、苦恼时会首先考虑自己而无法顾及他人，自己都满足不了，何谈满足他人？报酬和地位能给我们带来满足感，但我们全身心地投入工作时名利皆会被抛在脑后。日常的琐碎才能让我们内心充盈：下班后有处舒心的居所，与上司的畅所欲言等。当员工在退出与顾客之间的紧张关系的瞬间时，经营者必须设法让员工调整好心态。

我们常常想当然地认为待遇和福利能让员工感到满足，但其实不然。实际上员工期待的是一些细节：明亮的职场环境，同事间的关系，身心放松的空间。这些，都需要经营者和管理者贴心地为员工考虑。

2—企业、员工、顾客的共赢

服务人员在工作中感受到喜悦，提供的服务让顾客露出满意的笑容，最终给企业带来利润——这是理想状况。

而实际状况呢？顾客提出不合理的要求时，员工会心生反感，企业想着力改善员工待遇却不得不考虑利润……这样的情况比比皆是。

这些矛盾不是利害对立而是互补完善。服务若非出自真心，即使员工满脸笑容也会被识破。顾客的需求未得到满足便不会再次光临。我们说员工、顾客、企业是互补关系，其中心在企业，即经营者或经营理念，企业的理念是让三者共赢。如今，经济环境瞬息万变，理念未必总会被实现，有时还需员工忍耐，但本质上经营理念不可或缺。

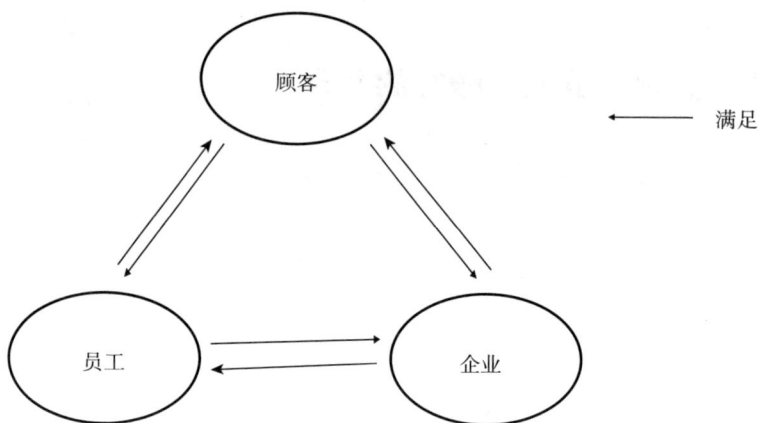

服务产业中人是重要的资源，让人（即员工）受益在某种意义上是服务的品质管理，这是经营者的责任。员工也要有责任与意识通过服务将他人的满意化作自己的满足。

顾客除了支付金钱、享受服务之外还需要一份责任感。美国现代酒店经营之父——斯塔特勒（Statler，1863 年—1928 年）曾说："顾客永远是对的（Customer is always right）。"然而我们不能照本宣科，因为这句话有前提和基础：美国是一个大熔炉，不同民族的人融合共存，社会生活也有最低限度的规则。

仆人（servant）、服务主人（master）的时代早已终结。看似主仆关系的服务只是表演，服务产业中仆人模样的员工一旦离开职场便个个都是主人的派头。

顾客也需自我约束。经营者和员工必须通过行动将顾客导向至有自我约束意识，必须有让顾客满意的自尊与骄傲。有一家日本知名酒店经常向顾客和员工宣传"我们是接待世界的酒店"，服务中要的就是这种气概。

3—制订符合世界标准的服务

（1）吸收多样化的常识与习惯

世界上有各种各样的国家与民族，大家有着各自的生活习惯。服务需要常识和判断力，所以离不开生活习惯。例如有的国家打招呼时两手合掌于胸前，有的国家低头是致意。笔者看过一档电视节目介绍某国警察的行动，警察带嫌疑犯录口供时命令嫌疑犯坐下后会说"谢谢"。

如今，拥有各种习惯与常识的人相互交流，大家都意识到"世界"这一概念，制定了国际会计基准，贸易和通关手续也进行了世界标准化。联合国欧洲经济委员会下属的 UN/CEF ACT（United Nations Centre for Trade Facilitation and Electronic Business）委员会，专门负责讨论在各领域促进贸易标准化、制订手续后通过联合国确立世界标准。

其中某团体研究类似日本旅馆的规模不大的住宿设施如何进行信息宣传。提起住宿设施我们通常会联想到酒店，但在非大城市，旅馆规模的住宿设施占多数，而且旅行方式的世界趋势已经从跟团发展为个人行。旅馆如果能按照世界共同语言或表现方式进行宣传将造福旅行者，这也是该工作小组成立的初衷。

今后亚太地区旅行业将会得到长足发展，类似 UN/CEF ACT 的工作小组应运而生以探讨旅行、观光等问题，这就是亚太地区委员会 AFACT（Asia Pacific Council for Trade Facilitation and Electronic Business）中的组织。

以上讨论的只是店面、饮食、交通等世界通用形态，而服务会反映出不同国家的生活习惯或文化习俗，所以需要尊重各国的风土人情。这其中也有一项通行于五洲四海的服务——微笑。

（2）服务也要引入 ISO

我们很难制订服务标准，但我们有维持服务品质的方法的标准——ISO（国际标准化组织），这家本部设在日内瓦的国际机关对服务质量或环境等的品质管理方法进行了标准化。各业种都必须取得此处的认证，否则无法参与国际投标。

请不要误解，标准化的对象并非指服务或环境，而是各企业维持自身品质方针的方法、步骤。

每个企业都有自己的标准化方法、步骤，但关键点在于世界标准。取得了世界标准的认证，便能证明品质管理已达世界通用水平，所以 ISO 认证经常被用在广告或公司的对外宣传。

这套体系是品质管理的标准化手段，实质上是一种经营体系。认证后也并非终身有效，企业要定期接受国际认证机构的审查，所以绝不能掉以轻心。评委会将检查各部门是否坚持着管理品质的方法。因为方法都是本部门自己制定的，所以要承担起责任。

我们很难一句话说明 ISO，但可以举个例子。下述内容是发生问题时的应对标准。

· 书面报告问题的内容

· 查明原因

· 想出解决方法并施行

· 为充分利用这次的教训，在全公司进行宣传教育

看似简单，但这个系统要求企业有效执行、保留记录，定期检查时要提交记录以检查是否真正施行了此应对方法。如果

166

有几项未完成便要重新审查，甚至还会取消认证资格。

各企业部门都必须认真对待。有个例子可以说明企业通过这种认证检查，服务品质得到了显著改善。某酒店连续接到床单、枕套、桌布上粘有头发的投诉，于是酒店决定彻底查明原因：意见是否属实？清扫人员和烹调师是否戴了帽子？

最终查明了真相。各负责部门的人严格遵守了规则，但有部门例外，员工出入口、材料搬运出入口和服务场所之间没有做好防尘措施导致灰尘、垃圾从外部混入，食品搬运人员还进入到了厨房。只要查明症结所在，问题就能迎刃而解。

之后，酒店对此做出了规定：进入厨房前所有人要先去送风机前除掉粘在身上的垃圾并戴上帽子，会计人员严禁进入厨房，出入口还安装了风帘等。此后关于头发的投诉显著减少。接下来，酒店再对为何该问题遗留至今进行了分析。原因是问题发生在客房时工作人员只是选择了道歉息事，问题发生在餐厅时服务员是选择了补偿顾客一块糕点，服务现场对问题的认识仅停留在了这个程度。

企业规定员工要书面报告所有问题，一瞬间问题的数量激增，原因在于迄今为止敷衍了事的内容全都浮在表面上了。

各企业对服务品质有自己的标准，但 ISO 对维持品质的方法进行了标准化，拥有 ISO 认证即为拥有遵守规则的证明，意味着该企业获得了世界信赖。

因此我们说 ISO 是一个经营体系，它让员工意识到自己的工作是世界标准，让员工拥有经国际机构检测认证的满足感。经营者在导入该项体系后将成为最大受益者，因为有些问题即使领导反复强调也无济于事，但国际机构评审员一经指出便能立即得到改善。

4—"人"是服务的主体

（1）经营者在服务中的作用

经营者在服务产业中负责维持既定范围内的服务质量。服务的设计阶段基于经营理念确定的服务质量随着时间的流逝易被遗忘，如果有经营者更替情况会更糟，因为有可能两届经营者之间没有做好理念与服务的传承工作。

服务要与理念融合，两者缺乏整合性会导致服务性价比的下降。服务的好坏一目了然，对服务的评价也是基于人的主观判断，所以我们会不知不觉地忘记每一项小的服务项目之上都有一个大的指导方针，而随意更改服务内容。这样做会打破整体服务的平衡，我们应当尽力避免这种情况的发生。"改变应该改变的，坚持不应该改变的"，这是经营者的作用。

某历史悠久的酒店破产了。它地理位置优越且价格适中，曾拥有全国规模的业务。其旗舰酒店因老朽化进行了重建。

重建后的酒店装修豪华，经营者为此抬高了价格，导致房费翻倍。这种做法虽然自有其道理却不符合经营理念。这家酒店是价格适中与快捷便利的代名词，通过良好的地理位置与合适的价格吸引顾客曾经是该酒店的经营理念，顾客也因此接踵而来。然而，同名的酒店突然在某天变成了一个陌生的酒店。

这或许是个极端的例子。单就服务而言，经营者必须要知其然知其所以然，了解变更一项服务的原因。变或不变都不能擅自行动。

有时仅一瞥便知道一项服务"不行""应该是这样"，我们的直觉有时很敏锐。即使我们的判断无误，也要思考并具体说明为何迄今为止的服务漏洞百出，如何制订万无一失的服务内容。具备了这些条件，经营者才能就服务发表自己的意见。

（2）提供服务的是"人"，享受服务的也是"人"

我们不能忘记，提供服务的是"人"，享受服务的也是"人"。服务虽然是一种商业交易，但也受情感驱使。这份情感可以连接经营者与员工，也可以连接经营者与顾客。

人非圣贤孰能无过，但犯错不能与情绪波动混同。服务时出了纰漏顾客怒目相向，这可能会引起服务人员的情绪波动，但员工必须要控制自己的感情，虽精神受挫但行动还需冷静。

经营者也一样，当顾客因为服务过失而怒不可遏时必须冷静应对。如果经营者指责服务人员、批评犯错的员工，那么当事人一定会大受打击。此时，经营者要和当事人一起分担过错，之后再查明原因、考虑善后策略。如果想让员工提供优质服务，经营者就不能忘记提供服务的是"人"。

结语

当"服务"一词被用于商业场合时，它不应像"奉献""慈善"一样因个人资质而产生量、质的变化。服务产业中除了酒店和饮食产业，还有警卫保障公司和广告公司等分类。这些多样化的企业将如何理解服务呢？

只要服务是事业的构成要素，就一定要明确服务的意义。很遗憾，多数场合企业对这个概念依旧模糊不清，还有很多企业没有或无法对服务进行管理。原因在于我们很少有机会反思服务。"服务"一词被过度使用，事到如今很难引起人们的反思。

在笔者四十多年的酒店工作生涯中，有近三十年从事以将经营与 IT 相连接的 ITC（Information Technology Coordinator）为中心的经营管理工作。有一天笔者突然就任总经理，这才开始面对服务工作。

虽然笔者没有实际服务工作的经验，但多亏 ITC（Information

Technology Coordinator）的经历使我能够胜任酒店总经理的职务。了解现状是构建信息系统的第一步。明白了现在的工作有何种背景、何种必然性，便能造就更好的信息流动。基于这种经验，我能够将开展服务工作的现场当作数据，即对服务现场进行数字化后再加以理解。

笔者还学到了一件事情，不论服务世界的 ITC 输出的信息多么正确，它的使用效果也会因使用人的不同而不同。

我们辛苦收集顾客信息、提供方便实用的信息，但如果使用人无法充分利用，一切努力都将成为泡影。不理解服务中信息的重要性，便无法有效地利用既有信息。

请您注意，本书中列举的成功案例的背后还有数倍的失败案例。如果本书的内容能给诸位的工作提供一丝帮助，笔者将不胜荣幸。

日本经济新闻社的名出晃先生、日本经济新闻出版社的细谷宪司先生为本书的出版提供了契机，笔者在这里向他们表示感谢。

译后感

每逢辞旧迎新之际，日本人民会选出汉字或关键词为逝去的一年做总结。2015 年日本新词、流行词的年度大奖颁给了"爆买"一词，理由是这一年中国赴日游客的强大购买力让人震惊。而在日本汉字能力鉴定协会举办的"年度汉字"评选中，"爆"字也以相同的理由夺得亚军。

我们选择日本作为消费目的地，除了信赖其产品品质，想必优质的服务体验也给 Made in Japan 加分不少。几年前译者的朋友初次赴日，某天购物之后大为感慨：这才是上帝的感觉！是的，就餐时我们刚推开店门就听到"欢迎光临"的热情招呼声，待我们落座，清水和擦手的热毛巾已经被贴心地放到面前。购物时服务员不厌其烦地为我们答疑解惑，购物结束后会把我们送至店门口鞠躬致谢；成为会员后，年末、生日还可能收到店家亲手制作的感恩卡片。车站等公共场所一定备有地图，如果迷路的是外国人，工作人员还会尽可能地使用外语、肢体语言、用笔标注等方式指路……我们在享受服务的同时不禁要问，成就一流服务的秘诀究竟何在？

他山之石，可以攻玉。本书便是解开此疑问的钥匙。作者在书的开篇提出一个观点：服务不能随心所欲，服务需要管理。而服务的管理分为三个环节——设计服务、实施服务、评价服务。

在"设计服务"部分，作者首先纠正了有关服务的常见误解，并给负责设计服务的经营者们做了提醒：顾客最想得到始终如一的服务，只有恒定的服务品质才能让顾客产生安心感，从而对商家百分百地信赖。在这一部分中，"平衡"二字能够完美地概括作者的中心思想。接待顾客时，服务人员应该一视同仁，但又必须优待老顾客，那么"公平"与"优待"该如何平衡？服务有质也有量，那么"质"与"量"又该如何平衡？每一件销售的商品都包含着店面、商品、服务三个要素，它们的比例决定了该商品的卖点，而三者的比例又该如何平衡？按照本书的引导，相信经营者们一定能够设计出符合自身需要的服务。

在"实施服务"部分，作者的主张颠覆了我们的惯性思维——人人都能复制优质服务！接下来，作者对具体问题进行了具体说明。服务重点需每日强调吗？服务现场能使用行话进行交谈吗？有些建议对顾客有益但顾客未必乐意听，服务人员需要说出逆耳忠言吗？如何进行员工培训？如何使用服务指南？如何修改服务内容？想必这些都是曾经或正在困扰您的实际问题，本书中都做了一定程度的解答。

将设计好的服务内容付诸实践之后，我们还需要评价服务。企业的领导者有权对服务质量进行打分，消费者更是服务的第一评价人。在"评价服务"部分，作者首先强调了服务目标和服务性价比的重要性，并把这两项作为评价服务的指标。这一章还大篇幅地讨论了如何应对顾客反馈。如今各行各业都会有专门的部门管理顾客的投诉建议，想必您一定有过这样的经历：重复接到针对某一问题的投诉或者收到非常极端的顾客反馈。这时，请牢记"顾客投诉是改进服务的宝库"！收到顾客反馈后多做分析、顺藤摸瓜，您就能源源不断地开发出新的服务。

本书的作者——石原直先生，是一位拥有四十多年酒店工作经验的酒店总经理。因此本书的写作初衷是针对酒店、餐厅等提供的商品中占重要比例的待客服务。书中没有高深玄妙的理论，列举的也多为酒店或餐厅的具体实例，各服务行业的从业人员都能通过这些例子找出各自遇到的类似的问题，并获得不同程度的启发。实践性强是本书的一大特点。

全书共分六章，无论读者身处商业活动的哪个环节，都能从中获益。然而精读之后可以发现，每一章都有针对性。如第1章"设计服务"部分、第5章"开拓新服务"部分更加针对经营者，第2章"提供服务"部分涉及了许多服务一线人员工作中的常见问题，第3章"评价服务"部分、第6章"'优质服务'与'优质经营'的协调"部分更适合企业的领导者仔细研读。受众面广、有针对性，这是本书的第二大特点。

　　此外，本书最大的魅力在于深入探讨了酒店管理信息化。因为石原先生四十多年的酒店工作生涯中有近三十年从事ITC（Information Technology Coordinator）工作，即在经营管理中引入IT技术，将开展服务工作的现场当作数据从而构建一套酒店管理的信息系统，这也是本书第4章"管理顾客信息"部分的主旨。管理信息的最终目的在于提升销售额，但这个过程要花费多少成本？谁是我们要进行信息管理的对象？管理顾客信息的数量多少为宜？管理好的信息将如何投入使用？这些具体问题都能在书中找到答案。

姜瑛

北京邮电大学人文学院

"服务的细节" 系列

《卖得好的陈列》：日本"卖场设计第一人"永岛幸夫
定价：26.00 元

《为何顾客会在店里生气》：家电卖场销售人员必读
定价：26.00 元

《完全餐饮店》：一本旨在长期适用的餐饮店经营实务书
定价：32.00 元

《完全商品陈列 115 例》：畅销的陈列就是将消费心理可视化
定价：30.00 元

《让顾客爱上店铺 1——东急手创馆》：零售业的非一般热销秘诀
定价：29.00 元

《如何让顾客的不满产生利润》：重印 25 次之多的服务学经典著作
定价：29.00 元

《新川服务圣经——餐饮店员工必学的 52 条待客之道》：日本"服务之神"新川义弘亲授服务论
定价：23.00 元

《让顾客爱上店铺 2——三宅一生》：日本最著名奢侈品品牌、时尚设计与商业活动完美平衡的典范
定价：28.00 元

《摸过顾客的脚才能卖对鞋》：你所不知道的服务技巧，鞋子卖场销售的第一本书
定价：22.00 元

《繁荣店的问卷调查术》：成就服务业旺铺的问卷调查术
定价：26.00 元

《菜鸟餐饮店 30 天繁荣记》：帮助无数经营不善的店铺起死回生的日本餐饮第一顾问
定价：28.00 元

《最勾引顾客的招牌》：成功的招牌是最好的营销，好招牌分分钟替你召顾客！
定价：36.00 元

《会切西红柿，就能做餐饮》：没有比餐饮更好做的卖卖！ 饭店经营的"用户体验学"。
定价：28.00 元

《制造型零售业——7-ELEVEn 的服务升级》：看日本人如何将美国人经营破产的便利店打造为全球连锁便利店 NO.1！
定价：38.00 元

《店铺防盗》：7 大步骤消灭外盗，11 种方法杜绝内盗，最强大店铺防盗书！

定价：28.00 元

《中小企业自媒体集客术》：教你玩转拉动型销售的 7 大自媒体集客工具，让顾客主动找上门！

定价：36.00 元

《敢挑选顾客的店铺才能赚钱》：日本店铺招牌设计第一人亲授打造各行业旺铺的真实成功案例

定价：32.00 元

《餐饮店投诉应对术》：日本 23 家顶级餐饮集团投诉应对标准手册，迄今为止最全面最权威最专业的餐饮业投诉应对书。

定价：28.00 元

《大数据时代的社区小店》：大数据的小店实践先驱者、海尔电器的日本教练传授小店经营的数据之道

定价：28.00 元

《线下体验店》：日本"体验式销售法"第一人教你如何赋予 O2O 最完美的着地！

定价：32.00 元

《医患纠纷解决术》：日本医疗服务第一指导书，医院管理层、医疗一线人员必读书！ 医护专业入职必备！
定价：38.00 元

《迪士尼店长心法》：让迪士尼主题乐园里的餐饮店、零售店、酒店的服务成为公认第一的，不是硬件设施，而是店长的思维方式。
定价：28.00 元

《女装经营圣经》：上市一周就登上日本亚马逊畅销榜的女装成功经营学，中文版本终于面世！
定价：36.00 元

《医师接诊艺术》：2 秒速读患者表情，快速建立新赖关系！ 日本国宝级医生日野原重明先生重磅推荐！
定价：36.00 元

《超人气餐饮店促销大全》：图解型最完全实战型促销书，200 个历经检验的餐饮店促销成功案例，全方位深挖能让顾客进店的每一个突破点！
定价：46.80 元

《服务的初心》：服务的对象十人百样，服务的方式千变万化，唯有，初心不改！
定价：39.80 元

《最强导购成交术》：解决导购员最头疼的 55 个问题，快速提升成交率！
定价：36.00 元

《帝国酒店——恰到好处的服务》：日本第一国宾馆的 5 秒钟魅力神话，据说每一位客人都想再来一次！
定价：33.00 元

《餐饮店长如何带队伍》：解决餐饮店长头疼的问题——员工力！ 让团队帮你去赚钱！
定价：36.00 元

《漫画餐饮店经营》：老板、店长、厨师必须直面的 25 个营业额下降、顾客流失的场景
定价：36.00 元

《店铺服务体验师报告》：揭发你习以为常的待客漏洞　深挖你见怪不怪的服务死角　50 个客户极致体验法则
定价：38.00 元

《餐饮店超低风险运营策略》：致餐饮业有志创业者＆计划扩大规模的经营者＆与低迷经营苦战的管理者的最强支援书
定价：42.00 元

《零售现场力》：全世界销售额第一名的三越伊势丹董事长经营思想之集大成，不仅仅是零售业，对整个服务业来说，现场力都是第一要素。
定价：38.00 元

《别人家的店为什么卖得好》：畅销商品、人气旺铺的销售秘密到底在哪里？ 到底应该怎么学？ 人人都能玩得转的超简明 MBA
定价：38.00 元

《顶级销售员做单训练》：世界超级销售员亲述做单心得，亲手培养出数千名优秀销售员！ 日文原版自出版后每月加印 3 次，销售人员做单必备。
定价：38.00 元

《店长手绘 POP 引流术》：专治"顾客门前走，就是不进门"，让你顾客盈门、营业额不断上涨的 POP 引流术！
定价：39.80 元

《不懂大数据，怎么做餐饮？》：餐饮店倒闭的最大原因就是"讨厌数据的糊涂账"经营模式。
定价：38.00 元

《零售店长就该这么干》：电商时代的实体店长自我变革。
定价：38.00 元

《生鲜超市工作手册蔬果篇》：海量图解日本生鲜超市先进管理技能
定价：38.00 元

《生鲜超市工作手册肉禽篇》：海量图解日本生鲜超市先进管理技能
定价：38.00 元

《生鲜超市工作手册水产篇》：海量图解日本生鲜超市先进管理技能
定价：38.00 元

《生鲜超市工作手册日配篇》：海量图解日本生鲜超市先进管理技能
定价：38.00 元

《生鲜超市工作手册副食调料篇》：海量图解日本生鲜超市先进管理技能
定价：48.00 元

《生鲜超市工作手册 POP 篇》：海量图解日本生鲜超市先进管理技能
定价：38.00 元

《日本新干线 7 分钟清扫奇迹》：我们的商品不是清扫，而是"旅途的回忆"
定价：39.80 元

《像顾客一样思考》：不懂你，又怎样搞定你？
定价：38.00 元

《好服务是设计出来的》：设计，是对服务的思考
定价：38.00 元

《让头回客成为回头客》：回头客才是企业持续盈利的基石
定价：38.00 元

《餐饮连锁这样做》：日本餐饮连锁店经营指导第一人
定价：39.00 元

《养老院长的 12 堂管理辅导课》：90%的养老院长管理烦恼在这里都能找到答案
定价：39.80 元

《大数据时代的医疗革命》：不放过每一个数据，不轻视每一个偶然
定价：38.00 元

《如何战胜竞争店》：在众多同类型店铺中脱颖而出
定价：38.00 元

更多本系列精品图书，敬请期待！